Rechtlicher Hinweis

Dieses Buch ist ein satirischer Tatsachenroman. Vieles, was darin steht, hat sich – über die öffentlich bekannten Abläufe von Fernsehshows hinaus – so nicht wirklich ereignet. Hintergründe real existierender Fernsehshows und Verhaltensweisen von Mitwirkenden sind zu großen Teilen satirisch überhöht beschrieben bzw. fiktiv.

Dolly Buster
mit Rainer Pototschnig

ohne Maulkorb

AUS DEM TAGEBUCH MEINES HUNDES

Ein satirischer Tatsachenroman

Wilhelm Heyne Verlag
München

Bildnachweis:
Bildseite 1: © Privat
Bildseite 2: © Privat
Bildseite 3, oben: © Nazar Moawad
Bildseite 3, unten: © Privat
Bildseite 4: © Manfred Baumann

MIX
Papier aus verantwortungsvollen Quellen
FSC® C014496
FSC
www.fsc.org

Verlagsgruppe Random House FSC® N001967
Das für dieses Buch verwendete FSC®-zertifizierte Papier
Holmen Book Cream liefert Holmen Paper, Hallstavik, Schweden.

Originalausgabe 04/2015

Redaktion: Angela Stangl
Umschlaggestaltung: Hauptmann & Kompanie, Zürich,
nach einem Entwurf von Thomas Pelzer
Umschlagfotos: Frank Lübke
Satz: EDV-Fotosatz Huber/Verlagsservice G. Pfeifer, Germering
Druck und Bindung: GGP Media GmbH, Pößneck
Printed in Germany 2015
ISBN: 978-3-453-60351-6

www.heyne.de

Inhalt

Erster Teil (2011–2013)

Zweiter Teil (2013–2015)

PROLOG

Als ich an diesem Novembermorgen aufwache, ist Hook gerade mit der Morgentoilette beschäftigt. Was bei ihm so viel heißt wie: Er trinkt aus der Kloschüssel.

Ich hebe träge den Kopf und blinzle dreimal. Kurzer Blick aus dem Fenster. Draußen liegt der erste Schnee. Verdammt. Sieht ungemütlich aus.

Und natürlich, mein Magengeschwür ist wie üblich schon vor mir wach gewesen. Trotzdem ist Hook derjenige, der über der Keramik hängt, als hätte er gestern eine harte Nacht gehabt.

»Guten Morgen, Hook. Na, was schmeckt der Sanitär-Sommelier? Wesel, Spätlese, feines Zitronenaroma, kräftig im Abgang?«

Hook hebt grunzend den Kopf. Aus einem seiner schlaff herabhängenden Mundwinkel rinnen ein paar Tröpfchen, die man definitiv nicht als edel bezeichnen kann. Eigentlich ist Hook ein ganz formidabler Gefährte und mein engster Vertrauter. Aber leider hebt er gerne mal einen dort, wo die meisten Männer oft nicht einmal die Brille heben. Eau de Toilette im Wortsinn eben. Viele Menschen wollen morgens nicht unbedingt geküsst werden. Bei Hook hätten sie wenigstens einen ziemlich guten Grund dafür.

»Morgen, Lio. Na, Kleiner, gut gepennt?«

Spricht's und wendet sich sofort wieder geräuschvoll seinem ganz persönlichen Morgenritual zu. Von mir aus. Lab dich ruhig am hochglänzenden Frühstücksbuffet, alter Knabe. Ich hoffe für dich, es gibt dort auch heute Morgen nichts frisch Gepresstes ...

»So lala. Du hast leider wieder einmal geschnarcht wie ein ausgewachsenes Nilpferd. Hast du es eigentlich jemals mit Hypnose versucht, Hook? Oder mit einem von diesen Nasenpflastern? Vielleicht hilft ja auch ein kleiner Nebenhöhleneingriff. Mir zuliebe.«

Hook unterbricht seinen Tauchgang im Sanitärbecken erneut, um mich etwas entgeistert aus seinen dunklen Knopfaugen anzusehen. Diesmal läuft ihm ein zähflüssiges Rinnsal aus dem anderen Mundwinkel. Natürlich weiß ich, dass der arme Kerl mir manchmal nicht mehr ganz folgen kann. Er ist eben ein fast dreizehn Jahre alter Boxer. Rechnet euch das mal in Menschenjahren aus. Ihr könnt von Glück sagen, wenn ihr dann überhaupt noch wisst, wo die Toilette ist. Hook findet sie immerhin jeden Morgen, auch wenn er dafür nicht genau weiß, wozu sie dient. (Das wusste er eigentlich noch nie, und ich will ihm jetzt nicht mehr die Illusion rauben, dass es sich dabei um eine Art Trinkbrunnen für Hunde handelt.) Es wundert mich, dass er überhaupt noch weiß, wo seine Zunge ist. Meistens sehr weit außerhalb des restlichen Körpers übrigens. Sogar wenn er so schelmisch grinst wie jetzt gerade.

»Dann halt dir doch die Ohren zu, Kleiner. Bestehst doch fast nur aus Ohrläppchen. Für irgendwas müssen diese Riesenoschis ja gut sein.«

Oho. Gut gebrüllt, weißer Löwe auf der Versace-Keramik. Mit so viel Schlagfertigkeit habe ich um diese Uhrzeit, ehrlich gesagt, nicht gerechnet. Manchmal kann es der alte Knabe eben doch noch.

»Die sind dazu da, um Hasen einzuschüchtern. Die Mümmelmänner entwickeln beim Anblick meiner mächtigen Ohren einfach schlimme Minderwertigkeitskomplexe und vergessen dabei wegzurennen. Sehr hilfreich bei der Jagd.«

Ich gebe zu, ich kann diese Aussage nicht empirisch beweisen. Vielleicht stimmt sie auch gar nicht, das erfährt man ja nicht einmal in einer dieser unzähligen pseudowissenschaftlichen Tiersendungen im Fernsehen, wo niemand je die wirklich großen Fragen der Hundheit beantwortet. Ich selbst habe leider noch nie einen Hasen erbeutet. Natürlich jage ich ihnen hinterher, aber unglücklicherweise bin ich allergisch gegen die Biester. Und im Moment der feindlichen Übernahme muss ich meist recht heftig niesen. Ein Umstand, der einem positiven Jagderlebnis natürlich recht wenig zuträglich ist. Solange es also kein Hasenfleisch aus Analoghase gibt – wie man das vom Käse auf der Pizza kennt –, werde ich meine Erfolge wohl etwas beschönigen müssen. Das machen einige von euch Zweibeinern ja auch ganz gerne, vor allem nachmittags im Privatfernsehen. Nicht unbedingt in den Tiersendungen, aber es gibt dafür genügend andere Programme, wo sich die Randgruppen der Prominentenwelt sogar selbst mit den allerschönsten Pfauenfedern schmücken. Promidinner, Promisafari, Promiboxen, Promiwasauchimmer – Hauptsache, irgendwie promiskuitiv! Wenn ich das alles so sehe, könnte ich manchmal echt Hooks derzeitigen Platz einnehmen. Aber nicht, um zu trinken. Sondern um, sagen wir, meiner Meinung freien Lauf zu lassen. Aber das tue ich selbstverständlich nicht. Ein Beagle wie ich hat nun mal Stil.

Klick, klack, klick, klack.

Ich höre das Geklacker von viel zu hohen Absätzen für diese Jahreszeit. Damit wäre die erste Frage der Hundheit für heute schon geklärt – ja, mir wird gleich sehr kalt werden. Denn leider kann ich Hooks bevorzugten Trinkbrunnen nicht funktionsgerecht für meine eigene Notdurft nutzen. Was muss, das muss bei mir eben raus. Und zwar ganz raus, sprich: ins Freie. Wenn mir nicht schon übel wäre, würde mir jetzt auch noch schlecht werden.

»Liiiiii-oooooo! Hoooo-ooook!«

Wäre ich der große Dichter Shakesbeagle, würde ich nun vielleicht sagen, es war nicht gerade die Nachtigall und schon gar nicht die Lerche. Vielmehr ist es eine Stimme, die das Organ von Hildegard Knef wie das liebliche Timbre eines Wiener Sängerknaben klingen lässt. Und doch gehört sie einem Wesen, das Beine wie ein Flamingo hat und sich – man verzeihe mir diesen frühmorgendlichen Kalauer – mit Vögeln auskennt. Kommt man von exzessivem vorgetäuschtem Stöhnen eigentlich auch in den Stimmbruch?

Klick, klack, klick, klack.

Und dann steht sie in voller Pracht vor mir: der fleischgewordene Traum aus den drei großen B – Beine, Busen, Blond. Dolly Buster. Groß sind davon übrigens vor allem die mittleren beiden Bs. So groß, dass sie mittlerweile eigentlich schon zu Doppel-Ds geworden sind. Also hat sich die gute Dolly sicherheitshalber noch zwei weitere große B für ihre Körbchen angeschafft – Beagle und Boxer. Ich könnte Dolly Buster jetzt natürlich auch Frauchen nennen. Aber erstens wäre das ganz schön unterwürfig für einen Beagle, und zweitens ist sie zu Hause einfach Nora. Auch wenn sie heute Morgen stark nach dieser in- und auswendig bekannten Dolly Buster aussieht. Zwei der B, die Beine, stecken nämlich in Leggings mit Leopardenmuster. So etwas ist mir völlig unbegreiflich. Warum rasieren menschliche Frauchen eigentlich ihre Beine, nur um sich dann das Fell von irgendeinem Tier darüber zu ziehen? Ich rasiere ja auch nicht mein prächtiges braun-weißes Fell ab und streife mir eine Zebrahaut über. Ein Beagle besitzt schließlich eine gewisse Integrität.

Ein Boxer namens Hook wiederum besitzt eher eine gewisse Nonchalance in Sachen Hygiene. Er hat mittlerweile sein Trinkgeschäft erledigt und watschelt so enthusiastisch, wie es ihm noch möglich ist, auf Nora zu, um sie zu begrüßen. Als sie sich ebenso gut gelaunt zu ihm runterbückt, leckt er ihr die Wangen ab. Ein feucht-fröhliches Wiedersehen. Aber wenn die wüsste. Hook, das Bidet to go auf vier

Beinen. Das beginnt zwar auch mit einem B, aber dieses hier dürfte die in Prag als Nora Dvo*řák* geborene Dolly Buster endlich einmal völlig zu Recht wie *B*äh aussprechen. »*Aah, B*äh oder *Z*äh« – das waren die drei Antwortmöglichkeiten, die Dolly früher, als höchst ausdrucksstarke Quizmasterin in dieser merkwürdigen Fernsehsendung »Peep!«, den Zuschauern angeboten hat. Und *B*äh ist in unserem Fall wohl die korrekte Lösung. Andererseits – als Pornostar musste Dolly ja ziemlich hart im Nehmen sein. Und bei allem, was eine Darstellerin da so miterlebt, ist »aus der Kloschüssel trinken« vermutlich fast schon ein Kavaliersdelikt. Obwohl ... hat sie nicht, wenn ich richtig gehört habe, dieses Dschungelcamp in Australien nach nur einem Tag wegen der ekelhaften Toilette dort verlassen? Und lieber im Luxushotel wieder auf Hochglänzendes von Versace gesetzt? Also – sich selbst, meine ich.

»Guten Morgen, Hook. Guten Morgen, Dickerchen.«

Mooooment. Wie war das? Ich sehe mich etwas irritiert um. Ist hier etwa noch jemand? Oder meint die tatsächlich mich? Jetzt bin ich endgültig *not amused*. Meine schlanken Beine müssen immerhin weit weniger Gewicht bewältigen als jedes dieser monströsen Körbchen knapp oberhalb von Leopardo da Vincis textilem Albtraum. Ich verstehe gar nicht, warum Nora nicht längst auf vier Beinen geht – so wie wir. Denn diese Dinger müssen doch mindestens eine Tonne wiegen! Aber »Dickerchen«?! Was erlaubt die sich? Schlagartig wird mir klar, dass ich schon die ganze Zeit irgend so ein albernes Diätfutter vorgesetzt bekomme. Ich wusste es. Dieser holzige Geschmack ... das kann doch nie und nimmer Entenleberpastete sein! Nein, liebe Dolly, da antworte ich jetzt mal *Bäh*! Und das ist leider *keine* Lösung für einen adeligen Beagle. Jetzt ist mir nicht nur übel und schlecht, jetzt rebelliert auch noch mein Magen. Ich setze meine grimmige Miene auf. Zu blöd, dass die Menschen uns Beagles dann aber immer noch niedlich finden. Teilzeit-Wasserträger Hook grinst erneut übers ganze Gesicht. Aber hier *ist* nichts witzig, mein Freund. Gar nichts.

»Zeit zum Spazierengähn, Jungs!«

Ach, dieser lustige tschechische Akzent wieder. Sie meint natürlich »gehen«, sagt aber »gähn«. Damit spricht sie mir jetzt allerdings aus der Seele: Ich gähne theatralisch und lasse mich lustlos fallen. Von wegen »Zeit zum Spazierengehen«, Zeit für den sterbenden Schwan in der Beagle-Version!

»Los, lass mal den Jagdhund in dir raus, Kleiner«, meldet sich Hook, immer noch mit einem Gesichtsausdruck, als wolle er versuchen, die Grinsekatze alt aussehen zu lassen. »Hab nämlich gehört, 'n paar fiese Schneehasen da draußen sind schon heftig am Schlottern.«

Kein Wunder bei diesen Temperaturen, mein Freund. Aber Dollys Dickerchen ist sauer. Bei so einem Wetter jagt man doch keinen Hund vor die Tür. Das hat eine sehr weise Person einmal gesagt (wahrscheinlich ein Beagle). Und es ist allgemein bekannt, dass in Redewendungen immer eine gehörige Portion Wahrheit steckt. Auch in der vom inneren Schweinehund zum Beispiel. Und der innere Schweinhund bleibt gemeinsam mit dem äußeren Beagle jetzt erst mal schön liegen.

»Komm schon, Lio, nicht so faul. Es ist ein supersuperschöner Wintertag. Also los, aufwachen und Gassi gähn!«

Na gut, folgendes Angebot, Nora: Wenn Minusgrade vorhergesagt sind, trinke ich einfach den ganzen Tag nichts mehr. Und Diätfutter esse ich auch keines (das werde ich in Zukunft sowieso verweigern). Dann muss ich nicht mehr – und ich muss somit bei einem derartigen Wetter auch nicht mehr raus. Und dann ist übrigens auch endgültig Schluss mit so unangebrachten Namen wie »Dickerchen«. Also, sind wir handelseinig?

Offenbar nicht, denn sie holt unsere Leinen.

Natürlich, hier wird nicht diskutiert. Schon gar nicht mit einem Hund – auch wenn er, so wie ich, ein echter Adeliger ist. In England wäre ich wahrscheinlich im House of Lords, würde eine Perücke tragen, wichtige Entscheidungen treffen und zwischendurch »Hört, hört« rufen – egal, ob es auch für kleinohrige Nichtbeagles irgendetwas zu hören gibt. Oder ich wäre ein britischer Geheimagent, schließlich bin ich ein ganz außergewöhnlicher Hund. Aber leider sind wir im bitterkalten, verschneiten Wesel, weit weg vom schönen verregneten England. Und hier kann sich Sir Lionel of Lydford, wie ich mit vollem Namen heiße, wieder einmal kein Gehör verschaffen. Von wegen »freie Meinungsäußerung«. Ihr legt uns stattdessen lieber enge Halsbänder und Lederleinen an, manchen von uns sogar diese martialischen Maulkörbe, und dann schleift ihr uns durch die Gegend und seht uns beim Pinkeln zu und – na ja, ihr wisst schon, wobei. Das ist entwürdigend. Wenn ihr Menschen das alles *miteinander* macht, so wie manche von euch das offenbar tun (leugnet es nicht, ich habe es bei einem Besuch in Noras Firma auf einigen DVD-Covers gesehen!), dann sieht das ganz schön abartig aus. Aber für *uns* soll das die normalste Sache der Welt sein. Und dann verniedlicht ihr es auch noch und nennt es »Gassi gehen«. Dass ich nicht lache! Das ist nichts anderes als Hunde-Sado-Maso.

Acht Minuten und zwei weitere ebenso giftige wie nutzlose Gesichtsausdrücke meinerseits später sind Nora, Hook und ich jedenfalls auf dem bitterkalten Weseler Bürgersteig vor dem Haus angelangt. Zwei von uns in engem Ledergeschirr, eine in hochelastischer Leopardenmontur. Und wo wir gerade bei den delikaten Themen sind: Nein, von einem »flotten« Dreier – auch die gibt es ja auf einer Menge DVDs zu bestaunen – kann hier absolut keine Rede sein. Denn mindestens fünf Minuten davon gehen auf das Konto von Hook und seiner mittlerweile recht gemütlichen Gangart als lebende Zeitlupenstudie. Vielleicht hat er ja die Vorahnung, dass er bald »in das Licht« gehen soll, und hofft jetzt, dass das Licht nicht auf ihn wartet, wenn er so herumtrödelt, und sich stattdessen selbst zu Tode langweilt. Weiser weißer Boxer.

Brrrr.

Dicke Schneeflocken durchnässen mein Fell. Der Boden ist hart und rutschig. Keine Ahnung, wie die als Dolly verkleidete Nora auf diesem Untergrund mit ihren High Heels unfallfrei »Gassi gähn« kann. Vielleicht sind das ja gar keine Absätze, sondern getarnte Steigeisen. Mein Atem gefriert zu einer milchigen Wolke, und auf meiner Darmschleimhaut können die letzten Überlebenden unter meinen Darmbakterien langsam die Schlittschuhe anschnallen. Denn die Kälte kriecht langsam meine Beine hoch. Ich kenne dieses Gefühl auf meinen empfindlichen Pfoten nur zu gut. Und es weckt auch einige frische Erinnerungen in mir.

Kälte. Schlittschuhe. Die Eislady.

Erster Teil

(2011–2013)

KAPITEL 1

Gehorsam, auf Eis gelegt

Das ist *die* Gelegenheit!

Lauf einfach, lauf, so schnell du kannst, irgendwo da draußen ist die Freiheit!

Ich flitze durch die geöffnete Tür, hinaus aus meinem muffigen Verlies mit all den vergilbten Postern an der Wand und diesen fremdartig geformten Schuhen auf dem Boden.

Ha, damit habt ihr jetzt nicht gerechnet, oder?

Mit schnellen Schritten sprinte ich den schmalen Korridor entlang und erreiche die blau gestrichene Metalltreppe. Ich weiß, sie werden mich verfolgen. Aber ich kann es schaffen. Ich habe das Überraschungsmoment auf meiner Seite.

Plötzlich höre ich hinter mir ein Scheppern, dann ein wütendes Fluchen. Es ist Norman, hauptberuflich Eisprinz, nebenberuflich mein Verfolger. Ich drehe mich kurz um. Er ist gestürzt, hat sämtliche Schlittschuhe und Becher mit Erfrischungsgetränken fallen gelassen, die er in der Hand hatte. Aber keine Sorge, Norman, wir sind hier schließlich in der Dortmunder Eishalle. Falls du neues Eis brauchst, bedien dich einfach, es ist genug da. Ich renne weiter, als ginge es um Leben und Tod. Norman rappelt sich auf, überprüft, ob er verletzt oder irgendetwas Schlimmes mit seiner Frisur passiert ist. Nein, nur der übliche Scheitel, obwohl der allein schon schlimm genug ist.

»Liooo-ooo! Liooo-ooo!«

Tanja, die Eislady, hat zu Norman aufgeschlossen. Interessant, beim Hunderennen machen die beiden gar keine so gute Figur wie beim Eiskunstlaufen. Aber Lio ist dann mal weg, ihr könnt euch ja gerne mit Lutz oder Axel trösten.

»Ne, Schatz, lass mal jut sein«, höre ich gute zwanzig Meter hinter mir Norman rufen. »Nich so anstrengen, du bist doch schwanger! Ick hol den Kleenen schon zurück, warte!«

Ich blicke mich kurz um. Verdammt, Norman kommt näher. Er hat einen irren Gesichtsausdruck, fast wie dieser andere Norman, den ich einmal spätnachts gesehen habe, als die beiden vor dem Fernseher eingeschlafen sind. Er hatte ein Motel und ein Messer und seine Mutter sehr lieb. Ich weiß nicht, welches Verhältnis der echte Norman zu seiner Mutter hat. Ich bin jedenfalls nie wieder im Badezimmer gewesen, wenn Tanja geduscht hat.

Da vorne, da ist es schon, das Licht am Ende des Tunnels, der Ausweg aus meinem kalten Gefängnis! Die Freiheit ruft, ich kann sie schon hören. Sie klingt zwar wie Nachmittagsverkehr, aber das ist immer noch besser als hier tiefgekühlt zu werden. Am besten wird sein, ich tauche erst mal unter und reise dann unerkannt per Anhalter nach England. Es ist ohnehin sehr schwer, eine Kreditkarte und ein Flugticket zu bekommen, wenn man kein geregeltes Einkommen hat, weil man ein Beagle ist. Ich muss mich nur unter die Menge mischen. Aber dazu muss ich erst einmal raus aus der Eishalle, raus aus Dortmund, und dann ...

Oha, eine vierspurige Straße. Die könnte bereits ein erstes massives Hindernis darstellen. Und eine Menge, unter die ich mich mischen könnte, ist hier leider auch weit und breit keine. Hier, unmittelbar vor einer viel befahrenen Kreuzung, muss ich den Plan wohl kurz überdenken. Abgesehen davon, dass es eine echte Unverschämtheit ist, dass auf Fußgängerampeln nur Zweibeiner abgebildet sind, wie ich finde.

»Hab ich dich!«, schreit Norman triumphierend, als er mich in diesem kurzen Moment des Innehaltens vor dem Straßenrand von hinten am Halsband packt.

Schlagartig werden mir zwei Dinge klar.

Erstens: Meine Flucht ist vorerst missglückt.

Zweitens: Norman hat hochdeutsch gesprochen.

Ich sehe ihn ungläubig an. Während Norman mich fest umklammert, stürmt die schwangere Tanja ihren Umständen entsprechend schnell aus der Eishalle.

»Lio, du kleiner Racker, was sollte *das* denn nun wieder?! Du bist so was von ungezogen. Keine Sekunde kann man dich aus den Augen lassen«, sagt sie vorwurfsvoll.

Einspruch, Euer Ehren! Erlauben Sie, dass ich den Sachverhalt aus meiner Sicht darlege: Die hier anwesende klagende Partei, vertreten durch Tanja S. und Norman J., hat mich *vorsätzlich* in die Trainerkammer der Dortmunder Eishalle gesperrt und dort für die Dauer von gefühlten dreitausend Pirouetten, Doppelaxeln und dreifachen Eisprung-Rittbergern alleine gelassen. Es handelt sich bei der Trainerkammer um einen trostlosen Ort, wo Schuhe stehen, mit denen man auf normalem Untergrund so viel Standfestigkeit besitzt wie ein betrunkener Storch und die so scharfe Kanten haben wie das Messer von Norman (dem anderen). An der Wand hängen bizarre Poster von Tanja S. aus dem Jahre Schnee, wie sie auf einem wahnsinnig kalten Untergrund unbegreiflicherweise Badebekleidung trägt und Bewegungen ausführt, die jeder Art von Wirbelsäule widersprechen. Ich plädiere daher auf Unzurechnungsfähigkeit der Kläger – wie so oft bei Zweibeinern.

Was ist das eigentlich mit euch Menschen? Ihr wollt über kaltes Eis gleiten, dabei glitzern wie Katzengold und so lange darauf herumspringen, bis eure Gelenke kaputtgehen. Ihr wollt so hoch fliegen wie Vögel und auf vierspurigen Straßen so schnell fahren, dass ihr keinem zweihundert Meter entfernten Reh mehr ausweichen könnt – wie ich später erfahren werde – und ein Luftkissen braucht, damit ihr euch dabei nicht selbst schwer verletzt? Und dann glaubt ihr wirklich, wir könnten euch noch ernst nehmen und würden euch folgen? Ihr müsst wirklich eine gesunde Portion Überheblichkeit besitzen.

»Mensch, du kannst doch nich' einfach so ausbüxen. Det jehört sich einfach nich'.«

Wie auf Stichwort hat Norman seine Sprache (oder zumindest so etwas Ähnliches) wiedergefunden – auch wenn er *mich* hier fälschlicherweise »Mensch« nennt, wovon ich mich natürlich distanzieren möchte. Ein neuerlicher Beweis seiner Unzurechnungsfähigkeit. Keine weiteren Fragen.

Tanja blickt mich immer noch vorwurfsvoll an. Sie atmet schwer und wischt sich erschöpft eine blonde Strähne ihrer Stirnfransen aus der Stirn. Aber falls die Fruchtblase jetzt platzt – *ich* bin nicht schuld.

»Was machen wir nur mit dem Kleinen, Norman? Er ist immer so süß, wenn er bei uns auf der Couch liegt. So richtig kuschelig. Aber hier in der Eishalle gehen immer die Pferde mit ihm durch.«

Unzurechnungsfähigkeit, die dritte. Ich gehe doch nicht mit Pferden durch die Eishalle! Ich entscheide schon selbst, wohin ich gehe. Ich bin schließlich ein einjähriger Rüde im Vollbesitz meiner geistigen und körperlichen Kräfte. Und wie schon erwähnt, ein potenzieller Thronfolger. Als solcher bin ich nicht für den Eiskunstlauf geschaffen, auch wenn ihr euch noch so viele falsche Adelstitel wie »Eisprinz« und »Eisprinzessin« umhängt. Und generell nicht für einen Aufenthalt an Orten jenseits des Gefrierpunktes. Betrachtet einen Beagle doch einmal genauer. Seht ihr da irgendwo die Aufschrift »Kühl lagern«? Deshalb habe ich die Gelegenheit ergriffen und bin aus der Trainerkammer geflüchtet, als Tanja und Norman mit vollen Händen zurückgekommen sind und die Türe geöffnet haben. Ich bin sogar durch Normans Beine hindurchgeflitzt, habe ihn also »getunnelt«, wie manche Sportler sagen würden – denn da war ein Licht am Ende des Tunnels.

»Komm, Norman, lass das Training mal gut sein für heute. Ich bin auch ein bisschen müde. Wir holen den Kindern neue Getränke und dann gehen wir in den Wald mit Lio. Vielleicht muss er ja nur raus.«

Na bitte, das war der erste vernünftige Satz heute. Tanja streichelt mich sanft. Und wenn sie aufhören würde, aus meinen Ohren irgendwelche Dinge zu falten, würde ich vielleicht sogar mit dem Schwanz wedeln.

Eine Stunde später sind wir in besagtem Dortmunder Wald. Was nicht heißt, dass ich den beiden hier eine Pause von meinem Freiheitsdrang gönnen würde. Stattdessen schleife ich Tanja hinter mir her, als wollte ich den gesamten Wald mit ihr pflügen. Dabei muss ich allerdings keuchen wie ein Ochse, denn meine Leine ist mindestens genauso angespannt wie Tanjas Miene. Ja, sie haben mich natürlich angeleint, damit ich nicht wieder abhaue. Aber so leicht sollt ihr es trotzdem nicht haben. Nicht mit Sir Lionel of Lydford.

»Hat er denn schon was jemacht?«, fragt Norman.

Ich »mache« die ganze Zeit etwas, Norman. Ich verfolge derzeit die Witterung eines Hasen und unterdrücke dabei seit Minuten erfolgreich den Niesreiz. Wie kommst du nur auf die absurde Idee, dass mein einziger Lebensinhalt darin besteht, meinen Darminhalt zu entsorgen?

»Nein, aber kuck doch mal, wie der schon wieder zieht. Ich kann den ja kaum noch halten. Ist das normal?«

»Is halt'n junger Hund. Der ist eben noch recht eigensinnig. Aber ik bin ja eigentlich nich so bewandert mit Hunden, det weißte doch. Du bist doch die, die von Kind auf Hunde jehabt hat. Vielleicht ist das ja nur Pubertät oder Midlife-Crisis oder Verstopfung.«

Messerscharfe Analyse, Norman, messerscharfe Analyse. *Aah*, *B*äh oder *Z*äh.

»Aber von meinen Hunden hat noch nie einer so gezogen. Ich meine, der wiegt doch nur ein paar Kilo und zerrt mich hier seit einer Dreiviertelstunde quer durchs Unterholz. Und irgendwie will er immer dorthin, wo ich nicht hinwill«, stellt Tanja etwas ratlos fest. »Dagegen ist Schwangersein ja echt eine Kinderjause.«

»Und hör doch mal, wie der keucht«, meint Norman belustigt. »Der klingt doch jerade so wie nach zwei Stangen Kippen pro Tag. Aber ohne Filter. Der dreht sich doch bestimmt gleich zu uns um und sacht: ›Luuuuke, ik bin dein Vater!‹«

Glaube ich nicht. Wenn ich einmal einen Sohn habe, dann möchte ich nämlich nicht, dass er sein Fell so trägt wie Norman.

Halt, hier ist noch etwas eigenartig. Das Waldstück gleich links kommt mir plötzlich seltsam bekannt vor. Ich halte inne und denke angestrengt nach. Aber irgendetwas daran zieht mich magisch an. Ich verlasse den Waldweg und ziehe Tanja und Norman tiefer ins Gestrüpp. Irgendwie habe ich das Gefühl, ich bin hier schon einmal gewesen, vor gar nicht allzu langer Zeit. Ich kann mich an diesen umgestürzten Baum erinnern, dessen abgebrochene Äste sich bedrohlich in den Himmel strecken. Und an die kleine Mulde, die unter ihm hindurchführt, in der sich buntes, kraftloses Laub angesammelt hat. Und an die niedrigen, dichten Sträucher mit den leuchtenden roten Beeren. Und an diesen seltsamen kleinen Erdhügel gleich neben der Baumwurzel. Aber es war dunkel, und ich war allein. Und es kommt mir vor, als hätte ich geträumt und wäre einer inneren Stimme gefolgt, wie auf einer Mission. Ich senke die Schnauze und schnüffle. Es riecht nach Moos, modriger Erde und nassem Laub. Ich war hier definitiv schon einmal. Denn es duftet auch nach Lio. Und da liegt noch ein seltsam vertrauter Geruch in der Luft, den ich nicht zuordnen kann.

»Uuuh, det is doch hier fast wie in Aktenzeichen XY. Da jibt's ooch immer so'n Moment, wo'n Spazierjänger mit Hund dann 'ne Leiche findet«, amüsiert sich Norman (als würden auch seinen Weg plötzlich irgendwelche Leichen pflastern).

»Hör auf, das wird jetzt echt gruselig«, sagt Tanja. »Aber da ist scheinbar wirklich irgendwas im Busch.«

Ich bewege mich langsam und bedächtig, stecke meine Nase tiefer in das feuchte Laub. Was hat mich nur hierhergeführt? Diese Bäume, dieser Geruch, die feuchte, lockere Erde. Dünne Äste knacken unter unseren Schritten. Irgendwo in der Ferne hämmert ein Specht. Ich hebe den Kopf. Ich erinnere mich an diesen Ort. Aber der Mond schien damals hell und die Sterne leuchteten. Ich scharre mit meinen Pfoten im seltsam lockeren Erdreich neben den Wurzeln des umgestürzten Baumes. Irgendwie kommt mir die Szenerie gerade so unwirklich vor. Allerdings muss ich jetzt wirklich mal. Und dieser Erdhügel sieht sehr sympathisch aus. Also hebe ich ein Bein und lasse der Natur ihren Lauf.

Aaah, das tut gut.

Ich kann auch nachher noch überlegen, was es mit diesem Ort auf sich hat. Aber eines ist seltsam: So genau hat mir Norman noch nie beim Pinkeln zugesehen. Sein Blick fixiert allerdings irgendetwas auf dem Boden. Verdammt, wo genau sieht er eigentlich hin? Etwas irritiert stecke ich den Kopf zwischen meinen Beinen hindurch.

Und dann bemerke ich es.

Irgendetwas glitzert da, wo mein Strahl sich in die lockere Erde bohrt. Etwas Metallisches. Normans Miene verfinstert sich. Plötzlich erinnert er mich wieder an Norman (den anderen). Ich habe ein ungutes Gefühl.

»Sach mal, Tanja«, meint er langsam. »Sind das nicht die Schlittschuhe, mit denen du damals bei Olympia Bronze jewonnen hast?«

KAPITEL 2

Diagnose einer hündischen Störung und Überweisung

Wie konnte ich *das* nur vergessen?

Ich stehe wie vom Donner gerührt, aber dennoch gut ausbalanciert auf drei Beinen. In Anbetracht der Tatsachen kann man zumindest nicht behaupten, dass ich keinen guten Spürhund abgebe. Ich kann Menschen schließlich punktgenau zu einem Ort führen, an dem verloren geglaubte Dinge verborgen sind. Leider handelt es sich dabei allerdings ausschließlich um verlorene Dinge, die ich selbst zuvor dorthin gebracht habe. Ich habe doch tatsächlich meine eigene Fährte verfolgt. Manchmal lässt mich mein Gedächtnis offenbar im Stich. Ich bin eben ein Beagle und kein Elefant. Und selbst die wissen ja nur, wo der Friedhof liegt, und nicht, wie sie zum Beispiel ins Stadion von Borussia Dortmund oder zum Bäcker kommen (oder in einen Porzellanladen, in dem sie dann sowieso völlig fehl am Platze sind).

Ich erinnere mich dunkel an Fragmente aus dieser Nacht. Norman hatte in der Küche etwas aus einer Flasche verschüttet und die kleine klare Pfütze am Boden nicht bemerkt. Die musste ich mir natürlich mal näher anschauen. Und nach einer kurzen Geruchsprüfung beschloss ich, die fremdartige Flüssigkeit zu probieren. Sie schmeckte ziemlich scharf und brannte ein bisschen im Gaumen. Aber nach ein paar kräftigen Schlucken hatte ich mich daran gewöhnt und fand das Zeug eigentlich ganz passabel. Der Mond schien hell, und ich hatte immer mehr den Eindruck, es wären in dieser Nacht sogar zwei Monde. Es war allerdings schwer zu erkennen, weil das Haus plötzlich ein bisschen zu schwanken begann. Scheinbar kommt es also auch in Dortmund hie und da zu Erdbeben, die auch wir Tiere nicht vorhersehen. Jedenfalls waren Norman und Tanja zwar recht aufgekratzt, aber auch ziemlich nachlässig an diesem Abend. Nach ein paar Getränken waren sie im Schlafzimmer verschwunden. Und hatten vergessen, die Terrassentür richtig zu schließen. Die Gelegenheit war günstig, ein baldiges Ende der Eiszeit herbeizuführen. Und ich hatte sowieso Lust, was Verrücktes zu tun. Ich beschloss, Axel, Lutz und Tolub sollten im Wald ihre letzte Ruhestätte finden und sich wenigstens im Grab nicht mehr rumdrehen müssen. Also vergrub ich Tanjas Schlittschuhe im lockeren Boden neben einem umgestürzten Baum. Da es nachts im Wald aber ziemlich dunkel und mitunter auch recht unheimlich ist, entschloss ich mich, wieder ins

Warme zurückzukehren und erst nach einem erholsamen Nickerchen die Planung weiterer Verrücktheiten und möglicher Fernreisen in Angriff zu nehmen. Durch die aufziehenden Nebelschwaden konnte ich allerdings recht schlecht sehen. Da half auch das Licht der zwei Monde, die mittlerweile am Himmel miteinander zu tanzen begonnen hatten, nicht viel. Außerdem war ich schon während meines ganzen Ausflugs seltsam wackelig auf den Beinen und hatte immer mehr Mühe, geradeaus zu gehen. Zusätzlich verwirrte mich, dass auch die Bäume inzwischen heftig zu wanken begonnen hatten und die Sterne sich immer schneller im Kreis drehten. Das musste wohl eine Art Nachbeben sein. Es schien mir sicherer, wieder nach Hause zu gehen. Nicht, dass der nächste fallende Baum anstatt Schlittschuhen unter sich zu begraben noch den hündischen Hochadel stürzte. Oh nein. Wer einen guten Stammbaum hat, sollte sich keinesfalls von einem ganz ordinären Baum erschlagen lassen. Außerdem hatte ich mittlerweile ein trockenes und pelziges Gefühl auf der Zunge und verspürte immer mehr Lust auf ein weiteres Schlückchen von dem feurigen Zeug, das Norman verschüttet hatte. Ich hatte zu diesem Zeitpunkt zwar nicht die blasseste Ahnung, was das war, aber oben auf der Flasche steckte ein breitkrempiger Hut. Und irgendwie hatte ich ein komisches Verlangen nach Salz und Zitrone ...

Wie ich heimgekommen bin und was danach noch passierte, weiß ich nicht mehr. Als ich am nächsten Morgen auf meiner Decke aufwachte, brummte mir jedenfalls der Schädel. Ich stand auf, ging zu meinem Napf und trank erst mal doppelt so viel Wasser wie sonst. Die Pfütze in der Küche war verschwunden. Und ich war mir nicht mehr sicher, ob ich die Geschehnisse des Vortages vielleicht nur geträumt hätte.

Das hier ist jedenfalls mit geradezu schockierender Sicherheit kein Traum. Norman und Tanja starren mich immer noch hellwach und entgeistert an. Dabei fällt mir ein – habe ich eigentlich schon aufgehört, auf die olympischen Schuhe zu urinieren? Oh ... offenbar nicht. Nachdem Tanja darauf vor vielen Jahren ihre Olympiamedaille geholt hat, mache ich immer noch genüsslich was drauf. Aber immerhin – das, was ich mache, klingt umgangssprachlich auch so ähnlich wie »Bronze«.

»Sag mal, Kleener, biste nich' ganz dicht?«, formuliert es Norman recht treffend.

Als Antwort senke ich mein viertes Standbein, betätige einen zentralen Muskel zur Regulierung meines Flüssigkeitshaushaltes und bin dadurch wieder ganz dicht. Das wäre also erledigt.

Tanja steht nur da, als hätte sie ihren Text vergessen. Sie ist zwar Schauspielerin (eine gute noch dazu, wie sie stets betont) und unter uns – *dieser* vorwurfsvolle Blick wirkt gerade besonders lebensecht. Obwohl ich heute ja schon einige Wiederholungen davon gesehen habe. Gut gemacht, Tanja! Du bist jetzt angehende Charakterdarstellerin, du brauchst gar keine Schlittschuhe mehr. Du kannst jetzt auch ohne Kufen an den Füßen im Nachmittagsfernsehen ausrutschen. Und das hier, das spielst du doch auch alles gerade nur, oder? Sehr überzeugend sogar. Aber du bist doch wegen eines kleinen nächtlichen Ausfluges unter Feuerwassereinfluss nicht *wirklich* böse auf jemanden, der dich mit so treuherzigen Augen ansieht?

Mein Dackelblick ist offenbar weniger überzeugend. Und ich gebe zu, ich klinge gerade so erbärmlich wie ein treuloser Ehemann – oder »Lebensabschnittsgefährte«, denn wenn Ehepartner erst mal so klingen, wird die Beziehung schnell zum abgeschlossenen Lebensabschnitt. Und der Tod scheidet höchstens noch die Geister der Expartner.

Tanjas Blick hingegen wirkt immer noch viel authentischer als alles, was ich bis jetzt von ihr im Fernsehen gesehen habe. Zehn Tage Regenwetter sind jedenfalls ein Lachkrampf gegen ihre momentane Miene. Ich kann spüren, wie es in ihrem Hirn rattert. Trotzdem sagt sie immer noch kein Wort. Stattdessen geht sie in die Knie, nimmt einen kleinen Ast in die Hand und buddelt damit ihre Schlittschuhe komplett aus. Dann holt sie eine Wasserflasche aus ihrer Tasche und leert den kompletten Inhalt über die Schuhe. Na bitte, jetzt glänzen sie doch wieder wie neu. Und riechen tun Sportschuhe ohnehin nie besonders gut. Ihre Duftnote hat sich seit den Olympischen Spielen durch meine Nachbehandlung sogar deutlich verbessert. Glaubt mir, ich habe eine sehr empfindliche Nase. Alles also wieder in bester Ordnung. Vergessen wir das Ganze einfach. Sagen wir, es ist nie passiert.

Langsam und leicht schnaufend erhebt sich Tanja, die tropfenden Schuhe in der Hand. Wohl zur Beruhigung hält sie mit der anderen ihren kugelrunden Bauch. Schwangerschaft und Aufregung sollen keine allzu gute Kombination sein, sagt man.

»Schatz, alles jut? Nur nich' aufregen. Nicht, dass noch das Baby gleich kommt! Wir haben ja schon alle Hände voll zu tun mit unserem ersten Problemkind hier.«

Tanjas Atem wird langsam regelmäßiger. Ein, aus, ein, aus, ein, aus. Plötzlich glaube ich, in ihrem Gesicht eine gewisse Entschlossenheit zu lesen. Zumindest wirkt sie so, als hätte sie gerade eine wichtige Entscheidung gefällt. Sie blickt kurz zu Norman auf und sagt mit leiser, aber fester Stimme:

»Keine Sorge, Schatz. Das Baby kommt noch nicht.«

Dann dreht sie sich zu mir und sieht mir tief in meine immer noch im Dackelmodus befindlichen Augen.

»Aber dafür gibt es jemand anderen, der bald kommt. *Sehr* bald.«

KAPITEL 3

Grundausbildung, Tag eins

Ich kann es einfach nicht fassen.

Sie haben mir doch tatsächlich das Kürzel »Azubi« auf mein Leinengeschirr gepappt. Für das Wort »Auszubildender« war mein schlanker Körper gottlob zu kurz. Adel vernichtet. Sir Lionel of Lydford, zum Knecht degradiert von einem entthronten Eisprinzenpaar. Tanja und Norman haben beschlossen, dass ich ab sofort nur noch Fußvolk sein darf. Dabei sind die doch nur neidisch, dass ich zwei Beine mehr habe als sie.

Angeleint haben sie mich sicherheitshalber auch. Im Haus, wohlgemerkt. Das ist meiner einfach nicht würdig. Sie hätten doch stattdessen auch die ach so wichtigen Schlittschuhe anleinen können. Das Strafmaß ist jedenfalls eine Farce. Mildernde Umstände und das Teilverschulden des Schuhbegräbnisses durch Normans Fahrlässigkeit wurden dabei nicht berücksichtigt. Leider kenne ich keinen guten Anwalt, der mich in diesem Fall vertreten könnte. Das sind alles Windhunde.

Es läutet an der Tür.

Das wird dann wohl mein neuer Ausbildner sein. Tanja erhebt sich freudig vom Sofa, ich bleibe mit Norman sitzen (habe ich eine Wahl?) und warte darauf, dem Urteilsvollstrecker vorgeführt zu werden. Ich empfinde dabei eine Mischung aus Neugierde und Angst. Oder kurz gesagt: Mir ist übel. Mein Mund ist trocken, meine Zunge klebt an meinen Zähnen. Sicher kommt Tanja gleich mit so einem harten, Furcht erregenden Typen zurück, der mich mit seiner tiefen, grimmigen Stimme anschreien wird und mir ständig sagt, dass ich ein Nichts bin (dabei bin ich ein stattlicher Beagle und ganz nebenbei ein ganz besonderer Hund – als »Nichts« geht höchstens ein Chihuahua durch, daher versucht diese Rasse ständig, ihre Minderwertigkeitskomplexe durch ständiges Gekläffe zu überspielen). Und der mir womöglich einen Bürstenhaarschnitt verpassen will. Kein Wunder, dass das Wort »Bund« ein bisschen wie Hund klingt. Antreten zur Grundausbildung, Soldat von Lydford! Die englischen Prinzen William und Harry sind auch beim Militär, wie ich erfahren habe. Doch dort heißt das wenigstens »Royal Air Force«. Ich hingegen werde von der Dortmunder Eis-Infanterie rekrutiert. Ich bin wirklich ein armer Hund. Seufzend blicke ich zu Boden.

»Hallo, ich bin der Martin.«

Ich hebe meinen Kopf. Tanja kommt mit ihrem Besucher den weiß gefliesten Flur entlang. Meine Niedergeschlagenheit war wohl etwas verfrüht, denn sofort stelle ich fest: Das Thema »Furcht erregend« können wir schon mal abhaken. Selbst wenn dieser Kerl mich anschreit – seine Stimme ist einfach um mindestens eine Terz zu hoch. Ein Bariton ist er höchstens unter Wellensittichen.

Tanja und mein zukünftiger Ausbildner betreten das Wohnzimmer, in dem ich mit Norman immer noch auf der Couch sitze. Ich mustere den Neuankömmling. Hm. Dieser unscheinbare Martin mit seinem aprikosenförmigen Gesicht und dieser langweiligen Frisur ist also der Mann, der sich angeblich so gut mit unserer Spezies auskennt? Aus den Gesprächen zwischen Norman und Tanja habe ich nämlich erfahren, dass er so etwas wie ein Mediator zwischen Mensch und Hund sein soll. Mehr noch, er nennt sich selbst sogar Hundeprofi. Aber das werden wir ja noch sehen. Ich bin nämlich selbst auch nicht gerade Amateur. Ich bin Profihund. Und ein Profihund würde einen Zweibeiner niemals als Hundeprofi bezeichnen.

»Das ist er. Der Schwererziehbare. Unser Lio.«

Tanja deutet auf mich. Ich verkneife mir den Hofknicks einfach mal.

»Aah ja, ein Tan White Beagle. Niedlich, und so ein schönes Fell.«

Du solltest mal mein Zwerchfell sehen, lieber Martin! Ich glaube, das wird in nächster Zeit auch noch ziemlich strapaziert. Ein Dackel ist ja bedrohlicher als dieser harmlose Typ von nebenan! Und die hippere Frisur hat er auch.

Martin winkt ein kleines Fernsehteam ins Haus, das sofort mit den Vorbereitungen für die erste Aufzeichnung beginnt. Schließlich soll es eine öffentliche Hinrichtung meiner Adelsprivilegien werden. Denn der Hundeprofi hat eine eigene Sendung, in der er rebellische Hunde von Prominenten besucht und seine großartigen Therapieerfolge filmisch dokumentiert. Der professionelle Eindruck seiner Arbeit entsteht dann vermutlich am Schnittplatz. Und meine Pflegeeltern haben diese willkommene Gelegenheit natürlich für einen weiteren Fernsehauftritt genutzt. Ich sollte eigentlich eine Provision kriegen, denn immerhin habe ich ihnen diese Rollen vermittelt. Doch statt als Agent starte ich meine TV-Karriere als »Azubi«. Aber ich werde diesem Fernsehteam und dem selbsternannten Hundeprofi schon zeigen, wer hier der Chef ist.

Habe ich erwähnt, dass dieser Martin sogar eine eigene Bühnenshow hat, zu der aus mir unverständlichen Gründen Tausende von Menschen pilgern, die ihn verehren wie eine Art Hundepapst? Und da gibt es durchaus Gemeinsamkeiten. Der Papst redet auch immer über Gott, ohne dass dieser mal selbst was dazu sagt. Das ist ziemlich leicht. Er könnte also auch jederzeit behaupten: »Gott ist Kanadier und fährt gerne Kajak« – und niemand könnte das Gegenteil beweisen. Vielleicht würden dann in allen Kirchen Kajaks an der Wand hängen, wahrscheinlich sogar mit gekreuzten Rudern. Und die frommen Leute würden bei jeder Messe die Nationalhymne von Kanada im Gebetbuch suchen. Ich bin zwar weder Gott noch Kanadier, sondern ein britischer Hund – obwohl im Englischen die Bezeichnungen »God« und »Dog« verdächtig ähnlich klingen – aber ich denke, ihr versteht jetzt, wie seltsam es ist, dass ein Mensch euch etwas über Gott und die Welt der

Hunde erzählen will. Martin hat dennoch beschlossen, bei mir den Exorzisten zu spielen. Ha, den Teufel wird er tun!

»Is schon ’n kleiner Satansbraten, unser Lio«, meldet sich Norman wie auf Kommando zu Wort. »Vor ein paar Wochen ausjebüxt aus der Eishalle und Vollgas raus bis zur vierspurigen Straße. Ich natürlich sofort hinterher und volle Kanne jestürzt bei der Verfolgung. Musste sogar jenäht werden. Also ... nich’ ich jetzt, die Hose. Trotzdem – schon irre. Da steht man auf ’n Eis janz sicher Hunderte Doppel- und Dreifachsprünge und dann fällt man voll auf die Schnauze wegen dem kleinen Flitzer hier.«

Norman streichelt mir über den Hinterkopf. Martin hat inzwischen auf einem Fauteuil Platz genommen und nickt interessiert, während sein Team immer noch geschäftig herumwuselt. Eine untersetzte Frau mit Hornbrille wedelt ihm mit einem Pinsel übers Gesicht. Der Anblick erinnert mich auf seltsame Weise an das, was wir Hunde machen, um zu überprüfen, ob wir uns riechen können. Dabei wedeln wir uns auch oft im Gesicht herum, allerdings mit einem Pinsel, der bei uns zur Serienausstattung gehört. Ich habe aber auch schon Hunde gesehen, denen ihr Schwanz mitwillig verstümmelt wurde. Was für ein trauriger Anblick! Jedes Mal, wenn ich in ein Auto steige und den Schaltknüppel sehe, läuft mir ein kalter Schauer über den Rücken.

»Das ist halt noch ein junger Hund. Wie alt ist er denn jetzt?«, fragt der Hundeprofi.

»Gerade mal ein Jahr«, antwortet Tanja und setzt sich zu Norman und mir auf die Couch. Dabei beginnt sie wieder, meine Ohren zu bearbeiten, als würde sie Servietten für eine Tischdekoration falten.

»Ein Jahr ... hmm ... ja, da sind sie noch besonders schwierig. Da ist ein Hund oft ungestüm und trotzig. Aber ... sag mal, habt ihr den eigentlich auch im Haus angeleint?«

»Normal nicht. Aber wir wollten vermeiden, dass er zur Tür rausläuft, wenn euer Team reinkommt. Man weiß derzeit nie so genau, was er als Nächstes anstellt. Letztens hat er sogar meine Schlittschuhe im Wald vergraben.«

»Er hat – was?!«

»Meine Olympia-Schlittschuhe im Wald vergraben. Aber komischerweise hat er uns danach selbst reumütig hingeführt. Ich werde aus Lio einfach nicht schlau. Ja, und da haben wir beschlossen, den Experten anzurufen.«

Und weil der wohl keine Zeit hatte, kam stattdessen einfach dieser Martin.

»Gibt es eigentlich Hunde, die schlafwandeln?«, fragt Norman.

»Also, es gibt schon welche, die träumen, ja. Und dann bewegen sie sich natürlich auch. Schaut mal ins Internet. Da gibt es recht lustige Videos davon. Aber dass ein Hund im Schlaf Schlittschuhe vergräbt, das habe ich, ehrlich gesagt, noch nie gehört. Euer Hund ist wirklich was Besonderes.«

Das stimmt allerdings. Vielleicht ist unser Besucher ja doch ein Experte. Manchmal zumindest.

»Was zu trinken, Martin?«

Heute ist offenbar der offizielle Norman-stellt-Fragen-Tag in Dortmund.

»Danke, nein, wir haben ja eigene Getränke dabei. Catering.«

»Aber ik hab 'ne janz trockene Kehle. Ik nehm' mir mal einen Saft. Du auch, Tanja? Haben wir noch welchen?«

»Ja, Apfelsaft. Steht da hinten, Schatz, gleich hinter dem Tequila.«

Tanja kennt sich eben in der Küche aus. Und ich kenne jetzt den wahren nächtlichen Übeltäter, denn Norman stellt die Flasche mit dem breitkrempigen Hut beiseite, um an den Saft zu gelangen. Noch immer weiß niemand im Raum, ob Hunde schlafwandeln können. Aber ich weiß, dass dieser Hund gerade tierisches Sodbrennen hat. Nie wieder Tequila.

Ein dünner Typ, der aussieht, als würde er sehr wenig Sonne und noch weniger Essen abbekommen, schnappt sich eine lange Stange, an der ein flauschiges Etwas befestigt ist, und hält sie direkt über mich. Oje, die werden mich doch jetzt nicht damit betäuben? Allerdings sieht es eher so aus, als hielte er mich für ein Lagerfeuer und wollte einen ganzen Biber über mir grillen. Neugierig beschnuppere ich das fellige Ding und muss sofort niesen. Verdammte Allergie.

»Ton läuft!«

»Kamera läuft!«, sagt ein zweiter, der dem ersten offenbar öfter mal das Essen wegisst, aber ebenso blass wirkt.

Die ganze Sonne scheint die wichtig aussehende Frau mit den gelblich blonden Haaren neben ihnen abzukriegen. Ich grinse zufrieden. Das Fernsehteam ist also auch Tan White. Wenn das mal kein Zeichen ist ... Die sonnengegerbte Blondine streckt ihren linken Daumen hoch und wendet sich an Martin.

»Okay, wir laufen.«

Sehr interessant – denn immer noch läuft absolut niemand im Raum wirklich. Sie stehen alle nur da und glotzen mich an. Scheinbar ist es bei Menschen normal, dass sie irgendeinen Blödsinn erzählen, sobald eine Kamera dabei ist.

»Und ... Klappe!«

Na bitte. Wenigstens ist es außer mir noch dem Typen mit dem komischen Holzbrett aufgefallen.

KAPITEL 4

Tragische Geschichte einer Zecke

»Eine Bedienungsanleitung wär' jut. Also, ik würde mir wünschen, dass der Martin mir jetzt eine Bedienungsanleitung für unseren Hund gibt«, verkündet Norman im Garten dem Fernsehteam.

Ich bin vorerst damit beschäftigt, mein Schwindelgefühl loszuwerden, denn Norman hat mich unmittelbar vor dieser überraschenden Aussage ungefähr neunmal im Kreis gedreht. Warum, das weiß niemand so genau. Es gibt nun mal keine Bedienungsanleitung für Norman. Wahrscheinlich um zu demonstrieren, dass er zwar etwas von seinem Sport versteht, aber nicht die leiseste Ahnung von Hunden hat. Denn als aufgeklärter Beagle weiß ich bereits, dass ich meinem Schwanz nicht nachjagen muss, weil ich ihn ohnehin niemals erwischen werde. Eiskunstläufer scheinen das noch nicht ganz verstanden zu haben – die drehen sich dauernd völlig sinnlos im Kreis.

Etwas taumelnd gehe ich mit dem sechsköpfigen Fernsehtross vom Garten ins Haus zurück. Dabei frage ich mich, ob Norman früher auch probiert hat, das Fernsehprogramm zu wechseln, indem er den Fernseher im Garten neunmal im Kreis gedreht hat. Vielleicht wollte Norman aber auch nur besonders witzig sein und dem Fernsehteam zeigen, wie ein Hundedreh in diesem Haus abläuft.

Dennoch hatte Normans seltsame Aktion auch ihr Gutes: Vor der ersten Pirouette saß noch eine Zecke auf meiner Schnauze. Auf der achten konnte sie sich jedoch nicht mehr halten und fiel in hohem Bogen von mir ab. Ich denke, ich habe sie zuletzt – vermutlich ebenfalls etwas verwirrt – auf dem flauschigen Ding sitzen sehen. Doch bald wird sie wie ich herausfinden, dass das nur ein Mikrofon und kein Pekinese am Spieß ist. Vielleicht wird sie nach dieser Erkenntnis noch mit letzter Kraft die lange Strecke bis zu dem ausgezehrten Kerl schaffen, der die Mikrofonstange in der Hand hält. Und da wird sie dann endgültig verhungern.

Im Wohnzimmer angekommen, bespricht Martin erst einmal mit seinem Team die weitere Vorgehensweise. Die Aufnahmeleiterin schlägt vor, dass wir uns alle auf das rote Kunstledersofa setzen, damit er genau dieselben Fragen stellen kann wie zuvor, nur diesmal mit Kamera. Alle außer mir bekommen von dem sehr dünnen Mann ein kleines rundes Kügelchen angesteckt, in das sie reden müssen.

Der Golden Retriever unter den Blondinen, die Aufnahmeleiterin, überwacht mit sehr wichtiger Miene alle Arbeitsabläufe. Dabei demonstriert sie den totalen Überblick. Obwohl sie noch einen vollen Becher Kaffee in der Hand hält, bestellt sie bei ihrer Assistentin bereits den nächsten. Mit Sojamilch und Süßstoff. Offenbar lebt sie sehr gesund. Es ist ja auch erst ihr sechster.

»Okay, wir machen jetzt Folgendes: Martin kommt noch mal zur Tür und läutet, wir filmen dann von innen mit, wie ihr rübergeht und ihm aufmacht. Dann gehen wir zu eurem Sofa, und dort wird er euch dann ein paar Fragen zu eurem Hund stellen.«

Spricht's und kippt den Inhalt ihres Bechers in einem Zug runter.

»*Ist das wirklich Süßstoff*?! Wo ist denn diese verdammte Praktikantin?!«

Hmmm. Das sind also die Fragen, die sie dem Hundeprofi stellen wollen? Ich weiß, ehrlich gesagt, nicht, wie ihnen das bei ihrem Projekt helfen soll. Aber ich bin ja auch nicht der Experte. Dieser hüllt sich lieber in Schweigen und hält sich vorerst an das, was groß auf seinem schwarzen T-Shirt steht: »Der tut nix.«

Ein junges, etwas hilflos dreinblickendes Mädchen mit sehr gewöhnlicher Brille, geblümter Bluse von irgendeinem Wühltisch und dunklem Pferdeschwanz steckt ihren Kopf aus dem Flur.

»Jenny, Schätzchen, der Kaffee hier hat total bitter geschmeckt. Ich wollte doch Süßstoff. Was verdammt noch mal hast du da reingetan?«

»Ich ... na ja, Ilka ... in dem Van mit den Sachen vom Catering lag so eine ganz kleine Dose mit weißem Pulver direkt neben dem Kaffee ...«

Der Kameramann und der Tonmann werden plötzlich kreidebleich – was übrigens nicht besonders viel an ihrem Teint ändert.

»Wie? Haste das vielleicht in den Kaffee reingemacht?«, fragt der Mann mit dem Mikro entsetzt.

»Also ... Maren vom Catering war gerade kurz nicht da«, stammelt die hilflose Praktikantin kleinlaut. »Wieso? War das etwa nicht der ... Süßstoff?«

Doch der Tonmann antwortet nicht mehr. Stattdessen knirscht er nur mit Zähnen, und die Stange in seiner Hand beginnt bedrohlich zu vibrieren. Das flauschige Mikro am anderen Ende wirkt nun doch wie ein aufgespießter Pekinese, der zuckend zum Leben erwacht. Ich überlege, ob die Zecke noch in dem Ding sitzt. Falls ja, ist sie heute bereits von einem Wirbelsturm in ein schweres Erdbeben geraten. Kein leichtes Leben für einen Parasiten.

Nicht nur der Tonmann, auch Aufnahmeleiterin Ilka beginnt nun heftig mit den Zähnen zu knirschen – und ihr Unterkiefer wandert dabei zuckend von rechts nach links. Wie solidarisch von ihr. Das nenne ich mal Teamgeist!

»Okay. Okay. Also, Leute. Jenny, bring mir sofort eine Flasche Wasser. Ohne Kohlensäure. Meine Zunge ist ganz taub. Wie oft soll ich euch noch sagen, dass niemand hier irgendwelche Sachen rumliegen lassen soll? Ihr seid mir vielleicht ein Haufen. Mann, Mann, Mann! Und, Mike, easy, ja? Du bist da echt selbst schuld. Die Kleine kann da nichts für. Mann, Mann, Mann! So. Wo waren wir? Ach ja, also. Tür, klar, läuten, Martin rein, zack, Sofa, bisschen Laberlaber, Small Talk, wie ist der Hund, wo liegt das Problem und so, Blablabla, Schnatterschnatter. Wir schießen Martin danach, wie er zuhört, bisschen Genicke, ja, aha, mhm, das Übliche eben. Haben wir hier eigentlich genug Licht? Da stehen so viele Topfpflanzen hinter dem Sofa. Machen die keine komischen Schatten? Rolf? Geht das hier? Und Martin, bist du so weit, können wir? Tanja, Norman, bei euch auch alles klar? ... Jenny, mein Wasser! Wo bleibt die denn? ... Schöne Farbe übrigens, dieser Vorhang. Tolles Lila. Meine Oma hatte auch mal so einen. Ist dann aber an was ganz anderem gestorben. Na ja. Und diese riesigen schwarzhaarigen Puppen, die da im Eck stehen, zwischen dem Vorhang und dieser herrlich biederen Glasvitrine. Toller Bruch. Irre. Sehen aus, als wären sie eine verwunschene rumänische Kinder-Volkstanzgruppe und würden für einen Euro gleich irgendeinen traditionellen Tanz aufführen, oder? Wo habt ihr die denn her? Die müssen in jedem Fall mit ins Bild. Die haben so was unglaublich ... ich weiß nicht ... Abartiges! Okay. Okay. Gut. Alles klar, Leute? Rolf? Mike? Tanja? Norman? Alle bereit? Weiß jeder, was er zu tun hat. Gut, dann würde ich mal sagen, zwanzig Minuten Pause. Ich muss kotzen.«

Ich habe noch nie jemanden so schnell reden gehört. Kein Wunder, dass ihr Magen rebelliert, mir ist ja vom Zuhören schon fast übel geworden. War wohl doch ein Kaffee zu viel. Oder vielleicht sollte sie ein bisschen mit dem Süßstoff sparen.

Zwanzig Minuten später sind wir dann endlich bereit für die Aufnahme. Mike hat alle Mikrofone überprüft und

Rolf das Licht gecheckt. Dabei habe ich mitbekommen, wie die beiden einander seufzend bestätigt haben, dass das heute »noch ein verdammt langer Tag« wird. Auch Ilka, die blonde Aufnahmeleiterin, die kurz »an die frische Luft« musste, ist wieder zurück – ob mit oder ohne Mageninhalt, kann ich nicht beurteilen. Sie scheint sich allerdings wieder etwas beruhigt zu haben. Und es haftet ein süßlich-harziger Geruch an ihrer Kleidung. Offenbar raucht sie gerne diese Kräuterzigaretten. Ich kenne den Geruch von einer Gruppe junger Leute, an der wir mal in einem Dortmunder Park vorbeigelaufen sind. Die haben diese Dinger auch geraucht und dabei abwechselnd gehustet, gelacht und gegrölt. Was sie von sich gegeben haben, war allerdings relativ unverständlich – bis auf das Husten.

»Okay. Wir sind bereit zu laufen, Martin. Also los«, sagt Ilka, ebenfalls ohne zu lachen oder zu husten. In der Hand hält sie keinen Kaffee mehr, sondern eine Flasche Mineralwasser ohne Kohlensäure, sicher ist sicher. Der Hundeprofi erhebt sich aus seinem gemütlichen Fauteuil. Einer von beiden ächzt dabei, ich kann jedoch nicht genau sagen, wer. Und obwohl das Fernsehteam ständig davon redet, dass sie laufen, läuft auch der Hundeprofi nicht, sondern wandert bedächtig Richtung Tür. Mike, Rolf und Ilka begleiten ihn bis zum Flur, dann machen sie ihr Equipment bereit für den großen Auftritt. Tanja und Norman bleiben vorerst mit mir auf der Couch sitzen. Natürlich beginnen sie wieder, meine Ohren zu falten. Irgendwann, wenn ich größere Pfoten habe, werde ich morgens mal ins Schlafzimmer schleichen und ihre Ohren falten. Noch bevor sie den ersten Kaffee hatten, ob mit oder ohne Süßstoff. Mal sehen, ob ihnen das dann auch so gut gefällt.

»Dann bis gleich, ihr Lieben. Bis gleich, Leo.«

Hat dieser Hundedoofi etwa gerade »Leo« zu mir gesagt? Ich hebe den Kopf und blicke mich im Raum um, ob ich vielleicht irgendwo ein Handbuch für Martin finden kann, um das Trainingsprogramm noch abzustellen. Aber auf dem Parkettboden des Wohnzimmers liegt nur eine tote Zecke.

KAPITEL 5

Erstkontakt, die Zweite

Es läutet.

Das Signal, aufzustehen und über den Parkettboden zu trippeln, vorbei an der toten Zecke und über das auf dem Boden ausgebreitete Fell irgendeines anderen toten Tieres, das nach einem hoffentlich erfüllten irdischen Dasein in einem Möbelhaus wiedergeboren wurde und jetzt vor einem Kamin herumliegt und mit Füßen getreten wird. Die Klasse ist vollzählig angetreten, um dem Ausbildner aufzumachen, der sich via T-Shirt-Druck zum Nichtstun bekennt und sich außerdem keine Tiernamen merken kann.

Tanja öffnet schwungvoll die Türe und begrüßt Martin ebenso überschwänglich – ganz so, als würde sie ihn das erste Mal sehen.

»Hallo, Martin!«

»Hallo, Tanja, hallo, Norman! Ach, und da ist ja euer Kleiner. Wie, schon im Haus angeleint?«

»Ja«, meint Norman aus dem Hintergrund. »Also, normal nich'. Aber sonst wär' der schon weg. Der haut gerne mal ab. Is schon 'n paarmal vorjekommen. Es jeht da jetzt nich nur um seine Gesundheit, sondern ooch um meine.«

Aber diese schreckliche Geschichte kennt ihr ja schon aus erster Hand beziehungsweise Pfote. Wir wollen nicht nochmals aus dem Nähkästchen plaudern. Und auch was in den nächsten fünf Minuten folgt, entspricht ziemlich genau dem, was Ilka beschrieben hat.

Small Talk, Laberlaber, Blablabla, Schnatterschnatter.

Der Hundeprofi nickt, hört aufmerksam zu und erhebt manchmal die Stimme (was bei seiner Stimmlage gar nicht so einfach sein dürfte). Sie erzählen ihm, dass wir zwar ganz gerne auf dem Sofa kuscheln, ich mich aber noch viel lieber selbstständig mache und nicht immer ihre Nähe suche. Sie erzählen von meiner gescheiterten Flucht aus der Dortmunder Eishalle. Sie erzählen auch davon, dass mich Norman schon vorher einmal bei einem ungestümen Sprint aus ihrem Haus erwischt hat. Allerdings war ich da noch etwas kleiner. Und Norman hatte seine guten Turnschuhe an. Er hat mich ziemlich schnell erwischt – damals noch ganz ohne textile Verluste auf seiner Seite. Dennoch hat sich bis heute erstaunlicherweise noch kein Turnschuhhersteller bei ihm gemeldet, um seinen Scheitel auf einem Werbeplakat zu verewigen. Von den vergrabenen Schlittschuhen erzählen sie dem Hundeprofi diesmal allerdings nichts. Wahrscheinlich möchten sie vor der Kamera nicht wie völlige Amateure dastehen. Martin nickt immer wieder und stellt dann völlig überraschend fest, dass ich ja noch »ein junger Hund« sei. Damit ist sein Ruf als Experte vermutlich endgültig zementiert.

Rolf hat die seltsamen Kinderpuppen hinter meinem Körbchen übrigens mehrmals ganz gut im Bild gehabt. Und auch den lila Vorhang und die Porzellanfiguren auf dem etwas altmodischen Wandverbau in heller Eiche. Ilka wirkt recht zufrieden. Sie weiß nicht, dass an der Sohle ihres rechten Leinenschuhs eine tote Zecke klebt.

Mike hat sich auch beruhigt. Er heißt übrigens gar nicht Mike, wie sich mittlerweile herausgestellt hat. Die Leute nennen ihn offenbar nur »Mike«, weil er mit Mikrofonen zu tun hat. Ich habe ihn vorhin beim Telefonieren belauscht. Da hieß er Alex, sprach sehr leise und erzählte irgendetwas von einem dummen Vorfall mit einer Praktikantin und dass er möglicherweise später noch mal vorbeikommen muss. Seltsamer Typ. Nach etwa zehn Minuten Gerede sagt Martin:

»Gut, alles klar, dann gehen wir jetzt mal raus in den Wald.«

Ziemlich gute Idee. Das würde jedem Hund gefallen, sogar denen, die wirklich Leo heißen.

Als wir im Wald sind, muss ich Martin erst mal zeigen, wer hier der Chef ist. Also mache ich mein übliches Spiel und stemme mich mit voller Kraft in mein Geschirr. Und die Siegerin der heutigen Ziehung ist: Tanja! Ehrlich gesagt, möchte ich auch Ilka intensiver beschnuppern, die diesmal wirklich vor uns herlaufen muss, um mich mit dem würzigen Geruch an ihrer Kleidung vorwärts zu locken. Außerdem versuche ich, Rolf zu verwirren. Wenn er etwas im Bild haben will, das still hält, dann soll er doch weiterhin Porzellanfiguren oder Ethno-Puppen filmen und keine adeligen Hunde, die zu Azubis degradiert wurden. Ich bestimme, wohin es geht, geschätztes Hundeprofi-Team. Das ist meine Show. Ihr wisst es nur noch nicht.

»Der hat dich ja ganz schön im Schlepptau«, stellt Martin geistesgegenwärtig fest.

Mir gefällt dieser Vergleich. Wie auf Kommando navigiere ich mehrmals elegant zwischen Normans und Tanjas Beinen hindurch, als wäre ich ein Seemann. Seemänner kennen sich schließlich ziemlich gut mit komplizierten Knoten aus. Seehunde hingegen knoten bekanntlich gar nichts, die balancieren nur völlig stumpfsinnig Bälle auf ihrer Nase. Von der Schnauze abwärts fehlt ihnen jedoch jegliche Feinmotorik, sie können höchstens noch mit den Flossen klatschen – aber das immerhin rhythmischer als die meisten Menschen, die ich in diversen Schlagersendungen im Fernsehen gesehen habe.

»Tja, so geht das die ganze Zeit«, beschwert sich Tanja und stolpert dabei über eine kleine Wurzel.

»Und immer die Schnauze schön uff'n Boden. Wie'n Staubsauger«, ergänzt Norman. »Und dann läuft der, wohin der will. Und rennt uns immer zwischen de Beene. Siehste? Ziemlicher Stress, das Gassigehen.«

»Wir kriegen den oft auch gar nicht auf eine Seite. Das ist wie Slalom. Und er nimmt immer Anlauf und geht voll auf Zug. Manchmal bleibe ich dann einfach mal stehen.

Dann kann es aber sein, dass der trotzdem eine Minute oder zwei auf Zug bleibt.«

»Okay, also eine Strategie ist, dass du stehen bleibst«, wiederholt Martin, der Allesversteher. »Und gibt's auch noch einen Plan B?«

»Na ja, ich ziehe ihn schon gelegentlich zurück. Weil irgendwann kommt ja auch mal die Wut. Wenn ich dann die anderen sehe, die ganz gechillt Gassi gehen und ich werde hier wie beim Wasserski hinterhergezogen, da denke ich mir: Nee, so nicht, mein Freund! Weil wenn wir eine Stunde Gassi gehen, sind meine Finger am Ende ganz rot.«

»Stimmt, dann würde se am liebsten 'n Handstand in der Eishalle machen«, scherzt Norman. »Aber det geht ja grade nich, da rutscht det Baby womöglich noch 'n Stock höher.«

An dieser Stelle sollte ich erwähnen, dass ich nicht glaube, dass Tanja ein Individuum mit Führungsqualitäten wirklich schlimm findet. Denn ein paar Jahre später habe ich beobachtet, wie sie sich erneut kreuz und quer durch eine Fernsehsendung zerren ließ – diesmal von einem zweibeinigen Tänzer namens Willi (aber der war immerhin auch Tan White). In einer dieser Tanzshows hat übrigens auch Dolly Buster mitgemacht. Bei deren eigenwilligen Schritten kann ihr Tanzpartner allerdings von Glück reden, dass er heute nicht so eine Stimme hat wie Martin. Eine Stimme, die sich tief im Dortmunder Wald gerade wieder zu Wort meldet: »Aber jetzt mal ganz ehrlich, ihr beiden. Was denkt ihr denn, warum euer Hund das macht?«

»Na ja, er ist ja ein Jagdhund. Und noch jung. Und er will sein Revier entdecken«, mutmaßt Tanja.

Aah, Bäh und Zäh sind richtig. Dolly wäre jetzt vermutlich überfordert.

»Vielleicht will er sich ja auch horizontal aufhängen, weil ihm det Hundefutter nich schmeckt. Dabei hab ik das aus Versehen sogar mal probiert. Hab jedacht, det sind die Fruit Loops. War gar nich' so übel. Zumindest mit Milch.«

»Aber was denkt ihr, was der Leo bis jetzt von dem Spaziergang hat?«

»Na ja, nich' so besonders viel«

»Null! Da fehlt das Spielerische. Der will toben und Spaß haben. Und Ihr seid zurzeit nur Spaßverderber. Ihr müsst aber Spaßbringer werden.«

Ich gebe zu, das hat der Hundeprofi schon ganz gut erkannt. Nur in einem kann ich nicht ganz zustimmen. Ich habe gerade zum ersten Mal seit einer halben Stunde richtig Spaß.

Martin ist soeben in Hundekacke getreten.

KAPITEL 6

Nur die Harten kommen in den Garten

»Der ist ja ein verwunschener Labrador«, stellt Martin im Garten von Tanja und Norman fest, nachdem er seine Schuhe kurz mit dem Wasserschlauch abgespült hat. Und er fügt hinzu: »Ihr habt den Einstein unter den Beagles.«

Allerdings haben wir nicht gerade den Einstein unter den Martins, denn er nennt mich immer noch völlig unbeirrt Leo. Ich schließe die Augen und versuche, auch ihn zu verwünschen. Aber als ich sie wieder öffne, hat er immer noch sehr wenig Ähnlichkeit mit einem Ochsenziemer und sieht nach wie vor aus wie Martin. Schade, in meinen Augen wäre das eine deutliche Verbesserung gewesen.

Die erste Trainingseinheit hat begonnen. Tanja und Norman haben mein Trockenfutter in längliche schwarze Beutel gepackt und sich damit im Garten ihres Hauses aufgestellt, der von einem etwas lädierten Maschendrahtzaun und einem kleinen Wäldchen dahinter gesäumt ist.

Das Lob von Martin habe ich bekommen, weil ich tatsächlich begriffen habe, dass es sich beim Inhalt der Päckchen, die Tanja und Norman nun munter durch die Gegend werfen, um etwas Essbares handelt. Einstein würde sich vermutlich trotzdem im Grab umdrehen. Schließlich hätte er Masse, Trägheit und Geschwindigkeit des Futterbeutels berechnet – sogar wenn dieser in einem Wurmloch gelandet wäre (was in diesem Garten gar nicht so abwegig ist). Einstein wurde schließlich nicht dafür berühmt, dass er die Existenz einer Wurstsemmel in einer Bäckertüte bewiesen hat. Da sieht man wieder, wie wenig Intelligenz man uns Hunden zutraut. Wobei ich zugeben muss, dass ich zwar entdeckt habe, dass der Inhalt des Beutels theoretisch essbar ist, mir in der Praxis aber das nötige Werkzeug fehlt, um an das Futter zu kommen. Ganz schön clever, Martin! Der Einstein unter den Hundetrainern hat scharf beobachtet, dass Hunde keine Reißverschlüsse öffnen können. Ich bin also auf die helfenden Hände von Tanja und Norman angewiesen. Sie müssen mich bei den Menüvorbereitungen unterstützen und den Beutel öffnen, damit ich an den Inhalt gelange. Die Situation erinnert mich ein bisschen an den Tag, an dem Norman mit einer in Plastik eingeschweißten Gartenschere aus dem Baumarkt nach Hause gekommen ist. Um sie aus der Verpackung zu holen, brauchte er eine Schere ... Menschen und ihre Logik.

»So, Norman, jetzt ruf den Leo mal. Und wenn er zu dir kommt, dann fliegt der Beutel.«

Nachdem noch immer kein Leo zugegen ist, sprinte ich auf Norman zu. Wir beide wissen ja, wie gut diese »Fruit

Loops« schmecken – für mich sogar ohne Milch. Als ich Norman erreiche, wirft er den schwarzen Futterbeutel in hohem Bogen durch die Luft. Ich haste in einem Höllentempo hinterher. So schnell, dass Ilka vom bloßen Zusehen etwas blasser im Gesicht geworden ist. Bei ihrem leicht verkohlten Teint ist selbst das allerdings eine deutliche Verbesserung. Ich schnappe mir den Beutel und weiß, dass die Fernsehzuschauer nun von mir erwarten, dass ich auf direktem Weg zu Norman zurücklaufe, weil sie sonst womöglich frustriert sind und auf Qualitätsfernsehen umschalten. Allerdings beschließe ich, mich für die Pirouetten zu revanchieren und umkreise Norman viermal, bevor ich schließlich den Beutel rausrücke.

»Das schneiden wir nachher raus«, höre ich Ilka Martin zuflüstern. Martin nickt. Die Zuschauer sollen perfekt dressierte Hunde sehen und keine vierbeinigen Eiskunstlauftrainer. Sie sollen schließlich mitbekommen, dass Martin ein begnadeter Hundeprofi ist. Und nicht einer, der nur ein Fernstudium absolviert hat. Ja, ich weiß, es klingt verrückt, aber ich scherze nicht: Er ist tatsächlich ein Hundeprofi mit Fernstudium! Und von diesem Bücherwurm soll ich nun was fürs Leben lernen? Stellt euch doch mal vor, ihr braucht eine dringende Operation. Würdet ihr dann einem Chirurgen mit Fernstudium vertrauen, der bis jetzt nur auf dem Postweg operiert hat? Aber für Sir Lionel ist das natürlich gut genug. Denn Tanja und Norman vertrauen einem Hundeprofi, der sich den richtigen Umgang mit Hunden zuschicken hat lassen. Die Hunde selbst waren dabei womöglich in Luzern, Kapstadt oder

Boston. Sehr praktisch, denn Lehrbücher bellen und beißen nicht. Doch Sir Lionel ist ein Beagle, wie er nicht im Buche steht.

Trotzdem habe ich jetzt erst mal Hunger. Diese Futterbeutel sind also ziemlich verlockend. Und die vier Runden um Norman schneiden wir einfach raus, sagt Ilka. Eine Rebellion hat keinen Sinn, wenn niemand sie mitkriegt. Und der Fernsehzuschauer wird nicht Sir Lionel of Lydford zu Gesicht bekommen, sondern das, was von ihm am Schneidetisch übrig blieb. Ich resigniere. Vorerst, wohlgemerkt.

»Ja fein, fein!«, lobt mich Norman und öffnet die Schatzkiste. Es gibt Futter. Nicht wirklich in rauen Mengen. Amuse-Gueules würden Leute sagen, deren kulinarischer Horizont über die auf Privatsendern ausgestrahlten Promi-Dinner hinausreicht. Danach wirft Tanja ihren Beutel. So geht das nun ein paar Minuten hin und her. Ich laufe hierhin, apportiere dort, mache hier ein paar Faxen, die Ilka natürlich sofort als filmische Ausschussware kategorisiert. Dazwischen gibt Martin fachmännische Anweisungen. Nachdem das nötige Material im Kasten ist, wird Tanja noch einmal interviewt.

»Ich war ja von Anfang an davon überzeugt, dass der Hund nicht dumm ist, sondern dass wir eher dumm sind, weil wir in gewissen Sachen einfach noch etwas wenig Erfahrung haben. Und es macht total Spaß, so ein, zwei kleine Tricks gesagt zu bekommen und direkt zu sehen, wie sie funktionieren. Das bestärkt meinen Glauben in unseren Lio. Er ist halt ein cleveres Bürschchen.«

»Ich wünschte, das würde bei den Kindern auf dem Eis auch so gut funktionieren«, fügt Norman begeistert hinzu.

»Dann komme ich einfach noch einmal vorbei, und wir werfen ein paar Beutel für die Kinder auf dem Eis, aber für heute sage ich mal Tschüss«, witzelt der Exfernstudent. Norman zieht ein Gesicht, als würde ihm der Gedanke gar nicht missfallen. Ich sehe ihn schon Fruit Loops in Wollsocken packen.

KAPITEL 7

Comeback in der Sexbranche

Es kam, wie der Hundeprofi kommen musste.

Nach Beendigung der Grundausbildung, die offenbar genug Material für 15 Minuten Sendung geboten hatte, kamen Martin und sein Fernsehteam in den nächsten Monaten trotzdem noch ein paarmal wieder. Und auch was dabei vorfiel, konnte der interessierte Fernsehzuschauer – selbstverständlich nach willkürlicher Bearbeitung – bereits auf dem Bildschirm bestaunen.

Einmal hat Martin etwa versucht, mir beizubringen, die Eisfläche des Dortmunder Eisstadions nicht zu betreten. Eine wahre Meisterleistung der angewandten Hundehypnose, denn ich hatte das sowieso nie vor. Was Martin nämlich nicht weiß: Hunde sind nicht für das Laufen auf Eisflächen geschaffen. Doch vermutlich war es in der Gegend, aus der ihm das Material für sein Fernstudium zugesandt wurde, recht warm. Und wenn Sir Lio, immerhin der Einstein unter den Beagles, Menschen aufs Glatteis führen möchte, braucht er dafür kein gefrorenes Wasser. Trotzdem durfte die Fernsehnation einen weiteren Triumph des Hundepapstes über den »Streber in den Flegeljahren« bestaunen. Diesen Beinamen erhielt ich von Tanja. »Azubi« reichte zur Charakterisierung meines Wesens offenbar nicht mehr aus. Aber wenn wir Hunde uns über die Schwelle der offenen Bandentüre in einem handelsüblichen Eisstadion lehnen, dann heißt das noch lange nicht, dass wir dringend bei »Doggyday on Ice« mitmachen wollen. Martin dachte natürlich, ich wollte unbedingt dorthin, wo Norman gerade seine Pirouetten drehte, die ihm bei Weltmeisterschaften immerhin schon Top-Platzierungen weit hinter den Medaillenrängen beschert haben. Dabei war es die hochschwangere Eisprinzessin, die gezwungen war, eine ruhige Kugel zu schieben – vor allem vom Schal abwärts. Aber ich konnte das Leuchten in ihren Augen sehen, wenn Norman einen seiner gewagten Sprünge aufs Eis setzte. Vielleicht auch deswegen, weil sie es viel besser kann, denn sie war bekanntlich schon Gewinnerin von Olympiabronze. Da sitzt also der schmachtende, doch babypausierende Kufenstar – und dann bin ich derjenige, der unbedingt mitmachen will? Hätte man nicht eher Tanja anleinen müssen? Natürlich, ich kann zwar keine Reißverschlüsse öffnen, aber lasst mich bitte aufs Eis, und ich pinkle Kathi Witt mit einer graziösen Kür ans Bein und gewinne Gold im Eiskunstlauf (allerdings für England, was einer echten Sensation gleichkäme)! Vielleicht sollte Martin sich noch einmal das Lehrbuchkapitel »Vom richtigen Umgang mit adeligen Hunden und schwangeren Eiskunstläuferinnen im Eislaufstadion« zusenden lassen. Wie dem auch sei, der Hundeprofi hat mich fürs Fernsehen dressiert, ich blieb tatsächlich außerhalb der Eisfläche, was zu einem verschwindend geringen Teil tatsächlich an ihm lag, zu einem größeren Teil an der kurzen Leine und zum größten Teil an meinem mangelnden Interesse. Bitte jetzt Applaus einspielen, das machen sie im Fernsehen doch oft so.

Eines anderen schönen Herbsttages kam Martin zum Training in den Park und verhielt sich äußerst merkwürdig. Er versuchte allen Ernstes, einen Hund zu imitieren, bewegte sich kreuz und quer über die Wiese und ließ sein Verhalten von Norman mit den Worten »Jajaja« oder »Neinneinnein« kommentieren. Ich habe zwar keine Ahnung, in welchem Buch er diese Methode des Hundetrainings nachgelesen hat, aber immerhin: Norman hatte ihn tatsächlich besser im Griff als mich. Ich selbst war von der Darbietung jedoch nicht ganz überzeugt. Auch von meinen anwesenden Artgenossen machte keiner Anstalten, das Heck des fremdartigen Hundes zu beschnuppern. Und aus dem Futterbeutel bekam er auch nichts.

Über Wochen hinweg geschah eigentlich nichts Weltbewegendes, außer dass Martin sich redlich bemühte, mir die Inhalte seines Fernstudiums näherzubringen. Ich sollte lernen, dass Tanja und Norman selbst nicht langweilig sind, sondern maximal ihre Haarschnitte und gelegentlich Tanjas Kleidungsstil. Steinigt mich jetzt bitte nicht – ich bin offenbar nicht der Einzige, der so denkt, denn alle fanden es plötzlich ganz großartig, als Tanja gar nichts mehr anhatte und sich für ein bekanntes Hochglanzmagazin fotografieren ließ. Ich habe dieses Heft in Noras Büro entdeckt, obwohl nackte Menschen auf irgendwelchen Magazin- oder DVD-Covern dort eigentlich nicht besonders auffallen. Die meisten dieser nackten Menschen sehen noch dazu aus wie unsere Nachbarn in Dortmund, die Schlüters. Herr Schlüter war ein etwas untersetzter Herr Mitte 50 mit randloser Brille, leicht schütterem Haar und schmalen Lippen. Frau Schlüter trug meistens etwas zu enge Leggings für ihre Leibesfülle, geblümte Blusen, blonde Strähnchen im dauergewellten Haar und ein Make-up, das offenbar nicht von Experten entwickelt wurde, auch wenn uns das das Fernsehen weismachen will. Ich bin mir bis heute nicht ganz sicher, ob es nicht tatsächlich die Schlüters waren, die ich auf einigen DVD-Covern von Noras Firma gesehen habe. Ihre Vorhänge in Dortmund waren jedenfalls sehr oft zugezogen, und ich habe immer wieder verdächtige Geräusche gehört. Es kann allerdings auch sein, dass die gute Frau Schlüter jeden Tag Schnitzel geklopft hat und tiefgläubig war – sie hat schließlich sehr oft und aus voller Kehle nach ihrem Gott gerufen. Sehr fromm sahen die Schlüters allerdings nicht aus. Wie Vegetarier jedoch auch nicht. Hm, vielleicht war es also doch ...

»Sex, Sex, er denkt ständig nur an Sex!«

Martin steht mitten auf dem eingezäunten Trainingsplatz und betrachtet mich, als wäre ich eine Jahrmarkt-Attraktion.

»Bei eurem Lio kochen jetzt die Hormone über, das ist ein richtiger kleiner Sexprotz geworden. Der würde jetzt alles besteigen, was nicht bei drei auf den Bäumen ist. Schauen wir uns jetzt mal an, was passiert, wenn er weibliche Gesellschaft kriegt. Kathi, bringst du mal Gina-Lala rein?«

Martins Assistentin öffnet das Gatter des Trainingsplatzes und führt eine schlanke Hündin mit sehr hellbraunem Fell, langen Beinen, schmalem Rückgrat und nicht allzu viel Klasse auf das Trainingsgelände. Gina-Lala ist ein bisschen Labrador, ein bisschen irgendetwas anderes und vor allem ein bisschen gewöhnlich. Wäre sie ein Mensch, wäre sie vermutlich wasserstoffblond. Mit einem etwas dümmlichen Blick in ihren rehbraunen Augen stolziert sie um mich herum. Ich seufze. Gina-Lala entspricht nur bedingt meinem Frauengeschmack. Ich bevorzuge dunkle, rassige, elegante Hündinnen mit makellosem Stammbaum. Diese hier sieht aus, als säße sie am liebsten beim Hundefriseur und wäre nur scharf auf meinen Titel. Auch das gibt es bei Menschen. Da nennt man so eine Konstellation, glaube ich, »Tatjana und Foffi«.

»Hey, isch bin die Gina-Lala. Hast auch 'n Namen, Süßer?«, fragt mich eine überraschend rauchige Stimme mit hessischem Akzent. Ihr Menschen werdet das vielleicht nicht glauben, aber es gibt auch Hunde, die mit hessischer Schnauze sprechen.

»Ich bin Sir Lionel of Lydford.«

»Wie, du bist 'n eschter Arostik... Akristo..., also, so 'n eschter Adeliger? Abgefahren! Isch stehe auf euch Jungs, ihr seid wilde Hunde. Hab isch gehört. Wissen tu ich's ja net. Hatte zwar mal was mit 'nem schwedischen Pintscher, weil isch dachte, der is auch 'n Sir. Aber weißte was, dann stellt sisch doch glatt raus, der heißt einfach nur Sören. SÖREN, verstehste? Und net Sir irgendwas. Hat misch voll geleimt, der Macker. So'n Reinfall. Seh isch vielleicht aus, als könnte isch 'n Ausweis lesen oder wat? Aber du bist doch'n eschter Sir, oder? Isch meine, mit 'nem geilen Stammbaum und so alles.«

Gina-Lala kommt mir näher, als es mir lieb ist, und beschnuppert mich neugierig von allen Seiten.

»Meine Familie komme aus Großbritannien. Aus einer Gegend in der Nähe von Oxford.«

»He, dann sind wir ja fast aus der gleischen Gegend. Ich komme aus Frankford.«

Ich schüttle belustigt den Kopf.

»Du meinst wohl Frankfurt. Das ist aber hier in Deutschland und hat mit Großbritannien nichts zu tun. Ich stamme aus einer britischen Grafschaft. Ein Halbbruder von mir ist der Duke of Berkshire.«

»Ohne Scheiß jetzt? Isch meine, net falsch verstehe, kannst schon gerne da hinde bei mir rumschnubbern. Aber isch hab auch ein' Tiddel. Oder fast halt. Isch hab mal bei so einem Schönheitswettbewerb mitgemacht. Hätte beinahe gewonnen, war ganz, ganz knapp.«

»Tatsächlich? Wievielte bist du denn geworden?«

»Zwölfte. Isch sag ja: ganz, ganz knapp.«

Ich trotte etwas gelangweilt um Gina-Lala herum. Obwohl ich mir nicht vorstellen kann, eine Dame wie Gina-Lala meinen Eltern vorzustellen – was nicht nur an ihr liegt, sondern auch daran, dass ich meinen leiblichen Vater leider nie kennengelernt habe –, beschäftige ich mich mit ihr. Außer dieser It-Hündin ist ja keiner da, der mich versteht. Martin erklärt den Anwesenden gerade, woran sie erkennen, dass ich völlig sexbesessen bin. Norman und Tanja hören interessiert zu. Ilka bestellt bei der neuen Praktikantin einen Kaffee ohne Süßstoff. Mike muss niesen. Hat wohl auch irgendeine Allergie.

»Isch muss dringend mal, Süßer. Kack, die Bohne, sag isch da immer. Is so'n Spruch von mir. Aber da stehste doch drauf. Ihr Adeligen mögt doch immer voll des abgedrehte Zeusch. Des gefällt mir an eusch«, säuselt Gina-Lala mit ihrer tiefen, kaputten Stimme.

Es interessiert mich zwar nicht die Bohne, aber ich bin eben ein Gentleman.

»Ach, wir Briten sind eigentlich bekannt für unsere Zurückhaltung. Aber tu, was du nicht lassen kannst. Die Wiese ist schließlich für uns alle da.« Und mit einer gewissen Portion Zynismus füge ich hinzu: »Wird schon nicht schlimmer sein als das, was der Kerl mit der hohen Stimme da heute von sich gibt. Der meint doch tatsächlich auch, ich hätte nur Sex im Kopf.«

Gina-Lala hält abrupt inne. Sie blickt mich aus ihren dunklen, einfältigen Augen voller Bewunderung an.

»Wie jetzt? Sammal, verstehste escht, was die da drüben die ganze Zeit so am rumlabern sind?«

Sie leckt sich mit ihrer langen, räudigen Zunge über die Schnauze und sabbert dabei ein bisschen. Ich nicke vorsichtig.

»Natürlich, jedes Wort. In jeder Stimmlage. Ob weiblich, männlich, berlinerisch oder Wellensittisch.«

»Ohne Scheiß?«, fragt Gina-Lala und dirigiert ihre Kehrseite in Richtung Wiese, um ihren eigenen Worten selbst nicht Folge zu leisten. »Wie geil ist des denn? Du bis escht net wie die andern Tybben, die isch hier so kennenlernen tu. Isch meine, isch war ja schon öfter hier, und dieser komische Fuzzi da hinde hat schon toddal viele Rüden mitgebrascht. Waren aber alles voll die Langweiler, ey. Maschen erst auf knister-knaster superwischtig Obermacker, sind aber alles nur voll die armen Schweine. Aber du, du bist anders. Des hab isch gleich erkannt.«

Dabei blinzelt sie mir verführerisch zu. Irgendwie passt der Flirt mit den Augen nicht ganz zu dem, was der Rest ihres Körpers gerade macht.

»Isch hab echt noch nie ’nen Hund troffe, der alles versteht, was de Mensche redde.«

Gina-Lala beendet ihr Geschäft und wirkt ob ihres eigenen Unvermögens, die Gespräche der Zweibeiner zu verstehen, plötzlich etwas traurig. Sie scharrt mit den Vorderpfoten im feuchten Dortmunder Gras. Aber ich beachte sie kaum noch. Stattdessen stehe ich wie angewurzelt da, starr vor Schreck, mit angespannten Muskeln, schwer atmend.

Gina-Lala hat meine Schockstarre bemerkt und sieht mich nun mit aufkeimender Besorgnis an.

»Ey, Durchlauscht. Was’n los mit dir? Geht’s dir net gut? Was bisch denn so blass um de Schnauze? Isch mein, du warst ja vorher schon net der Farbenfrohste, aber ...«

Doch ich reagiere nicht mehr auf ihre Worte. Es kommt mir vor, als wäre sie kilometerweit entfernt. Ängstlich drehe ich meinen Kopf zu der kleinen Menschenansammlung, die nur wenige Meter neben mir steht. Und ich wünschte, ich hätte nicht verstanden, was Martin gerade gesagt hat. Etwas, das Tanja in diesem Augenblick wiederholt, als wäre es das Normalste der Welt.

»Tja, wenn das so ist, dann hilft bei Lio wohl wirklich nur eins: schnipp-schnapp.«

Und dabei deutet sie mit ihrem Zeige- und Mittelfinger ein Werkzeug an, das diesmal lieber in Plastik verschweißt bleiben sollte.

KAPITEL 8

Unfeine Züge

Ich öffne die Augen und blinzle einmal, zweimal, dreimal. Das grelle Licht schmerzt in meinen Pupillen. Wo bin ich? Habe ich etwa schon wieder Tequila getrunken? Ich sehe eine weiße Wand, auf der ein Bild mit sämtlichen Hunderassen hängt und darunter ein Foto von irgendeinem Nagetier. Der Raum ist fensterlos und von Kunstlicht erleuchtet. Von irgendwoher dringt dumpfes Stimmengemurmel an mein Ohr. Müde und kraftlos versuche ich, den Kopf zu heben, doch er rollt nur immer wieder leicht zur Seite.

Moment. Er tut – *was?*

Noch im Liegen taste ich mit den Vorderpfoten an meinem Hals entlang und stoße schnell auf einen trichterförmigen Fremdkörper. Was ist denn das für ein eigenartiges Ding? Ich bewege den Kopf vorsichtig hin und her, während ich versuche, das fremdartige Gebilde von meinem Hals über meine Ohren zu schieben. Doch es sitzt fest. Was sagt man dazu? Ich habe eine Art Lampenschirm auf dem Kopf. Sir Lionel of Lydford ist kein Azubi mehr – er wurde zur Stehlampe degradiert.

Ich höre die Stimme von Tanja, die heute ungewohnt kraftlos klingt. Aber ich kann nicht genau verstehen, was sie sagt. Ich bin auch viel zu müde, um aufmerksam zuzuhören. Außerdem habe ich Schmerzen. Und Hunger. Es kommt mir vor, als hätte ich seit einer Ewigkeit nichts gegessen. Irgendetwas stimmt hier ganz und gar nicht. Erschöpft döse ich wieder ein.

Die reale Welt verschwimmt. Plötzlich bin ich wieder ein kleiner, wenige Wochen alter Welpe und finde mich in der Duisburger Vorstadtwohnung von Herrn Brösigke wieder, meinem ersten »Herrchen«. Herr Brösigke ist ein wunderlicher alter Mann, der immer eine Eisenbahnermütze über seinem schneeweißen Haupthaar und einen hölzernen Spazierstock mit dem Relief einer alten Dampflok auf dem Griff bei sich trägt. Und mit seinen schmalen, grimmigen Augen unter der randlosen Gleitsichtbrille inspiziert er gerade einen verdächtigen Fleck vor dem Bahnhof Burghausen. Ich selbst habe soeben vier Bäume, zwei Strommasten, eine Kuh und einen Stationswärter vollgepinkelt. Der Rest meines kleinen Geschäfts ist derzeit in einem Güterwaggon Richtung Mühldorf unterwegs. Junge Beagles und Modelleisenbahnen sind nun mal keine ideale Kombination.

»Jetzt schau dir diese Sauerei an«, faucht mich Herr Brösigke an. »Das war doch die Elsa, meine Lieblingskuh! Siehst du, wie schön ihr Fell gezeichnet ist? Das ist ein echtes Kunstwerk. Und ... mein Gott, der arme Herr Weber!«

Der eigenartige Herr Brösigke hat sämtlichen Lebewesen in seiner Eisenbahnlandschaft, die einen Großteil des ansonsten spartanisch eingerichteten Wohnzimmers einnimmt, Namen gegeben, weil er viel Zeit in seiner Wohnung verbringt und nur sehr wenige Freunde hat. Wahrscheinlich hat er sich deshalb auch einen Hund angeschafft (der, nebenbei bemerkt, eine kratzige Decke bekommen hat, auf der »Eigentum der Deutschen Bahn« steht). Sonst müsste Herr Brösigke ständig mit Elsa oder Herrn Weber reden. Nur mit Luise, der Kuh gleich neben Elsa, benannt nach seiner Frau, die ihn vor acht Jahren verlassen hat, weil er sich lieber mit seiner Modelleisenbahn beschäftigt hat als mit ihren weiblichen Vorzügen, redet er nie. Herr Brösigke hat zwar den Tag vergessen, an dem die zweibeinige Luise ausgezogen ist, aber er weiß noch ganz genau, dass sie für die Fahrt zu ihrer Schwester den IR 302006 nach Recklinghausen über Oberhausen, Gelsenkirchen und Wanne-Eickel mit der planmäßigen Abfahrt 9.10 Uhr von Gleis 2 genommen hat. Und obwohl er selbst jede Nacht mindestens dreimal die Toilette aufsucht, vergisst er gerne, dass auch Hunde mal rausmüssen. Und dann müssen irgendwann eben andere Grünflächen herhalten, selbst wenn die Bäume dort sogar für ganz junge Beagle-Welpen sehr, sehr schwer zu treffen sind – so wie heute.

Trotz des außerplanmäßigen Zwischenfalls in Burghausen erreicht der Castor-Transport mit meinem Gefahrgut ohne Verspätung den Bahnhof Altötting. Der Betrieb läuft offenbar auch ohne die wertvollen Dienste von Herrn Weber reibungslos weiter. Er könnte nach seinem tragischen

Arbeitsunfall also getrost in Frühpension gehen – so wie Herr Brösigke selbst. Herr Brösigke war Gleisbauer und hatte mit 55 einen folgenschweren Zwischenfall mit dem Schweißbrenner, den er nur knapp überlebt hat. Seither ist er auf dem linken Ohr taub und bildet sich ein, auf dem rechten Ohr gelegentlich eine Dampfpfeife zu hören, die entfernt nach Enrico Caruso klingt. Herr Weber hingegen, der nun zusammen mit Elsa und einer Pappel in stabiler Seitenlage auf der Wiese neben dem Bahnhof Burghausen liegt, dürfte den Anschlag durch einen aus seiner Sicht gigantischen Welpen ohne gröbere Schäden überstehen. Wäre er ein echter Eisenbahner im Maßstab eins zu eins, würde er sich trotzdem auf Lebenszeit vom Psychologen krankschreiben lassen. Jeder ist entbehrlich, vor allem bei der Bahn. Dort gilt das sogar als Einstellungskriterium.

Ich sehe dem Zug nach, der gerade in einen Tunnel fährt, dann blicke ich wieder zu Herrn Brösigke hoch, der immer näher kommt und sich bedrohlich vor mir aufbaut.

»Du bist nichts weiter als ein dummes, kleines Mistvieh. Wie oft soll ich dir noch sagen, dass du nicht auf meiner Eisenbahn herumtrampeln sollst? Das ist ver-bo-ten!«

Ich senke schuldbewusst den Kopf. Herr Brösigke hingegen hebt seinen Spazierstock. Ich habe auf sein Wohlwollen gehofft, aber dieser Zug ist in Duisburg scheinbar endgültig abgefahren. Und während eine kleine H0-Modelleisenbahn im Maßstab 1:87 den Bahnhof Mühldorf erreicht, saust in Duisburg ein lebensgroßer Spazierstock mit einer Messing-Dampflok auf einen kleinen, verängstigten Beagle-Welpen herab.

Aua!

Ich spüre einen stechenden Schmerz im Unterleib und wache schlagartig aus meinem Traum auf. Zur Orientierung sehe ich mich kurz um. Ich bin immer noch in dem kahlen weißen Raum mit dem Hundebild an der Wand und trage diesen seltsamen Lampenschirm um den Hals. Die Bilder von Herrn Brösigke sind verschwunden. Gott sei Dank war unser schwieriges Zusammenleben schon nach wenigen Wochen beendet, denn kurz nach meinem Attentat auf Elsa und Herrn Weber hat er den »garstigen Köter« wie eine beschädigte Ware mit dem Regionalexpress 4250009 (sieben Minuten Verspätung) wieder zu der Züchterin nach Hagenburg zurückgebracht und stattdessen einen pflegeleichten Plastikbeagle ohne jeglichen Harndrang auf den Modellbahnsteig von Altötting geklebt. Es gibt gute Chancen, dass dieser Hund heute der beste Freund dieses Menschen ist. Meine Zuneigung zu Herrn Brösigke hält sich jedenfalls in Grenzen. Jetzt bin ich bei Tanja und Norman, die mich eigentlich ganz liebevoll behandeln. Sie sind zwar nur auf dem Eis dynamisch, können aber keiner Fliege was zuleide tun. Fliegen verirren sich allerdings auch nur selten in Eishallen.

Aber warum habe ich dann diese Schmerzen? Und warum trage ich einen wenig dekorativen Lampenschirm? Das Stimmengewirr kommt näher, dann höre ich, wie eine Tür geöffnet wird. Ich bin zu erschöpft, um meinen Kopf zu drehen, also bleibe ich regungslos und mit halb geschlossenen Augen liegen. Ich erkenne Tanjas Gesicht, das sich über mich beugt. Sie mustert mich kurz, dann fragt sie:

»Bekommt er schon mit, was los ist?«

»Ja, er ist jetzt wach,« höre ich eine Männerstimme sagen. Es ist das schneidende Organ von Dr. Botho Hammel, meinem Tierarzt. Jetzt weiß ich auch, wo ich bin: in der Tierpraxis in Brackel. Ich erinnere mich an die Fahrt hierher. Und daran, dass Tanja und Norman eigenartig still gewesen sind.

»Er wird wahrscheinlich die nächsten Stunden noch etwas benommen sein. Seien Sie also vorsichtig, wenn Sie ihn nach Hause bringen, und tragen Sie ihn am besten zu seinem Platz. Dort soll er sich noch ein bisschen ausruhen. Aber keine Sorge – er wird bald wieder ganz der Alte sein. Sie müssen nur aufpassen, dass er die Wunde nicht leckt. Und in ein paar Tagen können wir dann die Fäden ziehen.«

»Na ja, janz der Alte wird er ja nun nich mehr. Als Mann fühl ik da schon bisschen mit ihm.«

»Ich hab auch ein paar Gewissensbisse«, wirft Tanja ein. »Aber Martin hat nun mal gesagt, es ist die beste Lösung.«

»Wie gesagt, es war nur ein kleiner Eingriff. Alles reine Routine. Und schließlich ist der Herr Martin ja ein absoluter Hundeprofi. So wie ich.«

»Und 'ne heiße Intimfrisur haben Sie ihm auch gleich noch verpasst«, scherzt Norman.

»Ich kann Ihre Sorge schon verstehen«, beschwichtigt Dr. Hammel. »Und glauben Sie mir, es geht wirklich vielen Hundehaltern so. Die leiden oft mehr als die Tiere selbst, weil sie denken, sie haben dem Hund etwas Furchtbares angetan. Doch in Wirklichkeit ersparen sie sich und dem Tier nur eine Belastung. Stellen Sie sich vor, ich hatte einmal eine Dame hier, deren Beagle sich jede Nacht mehrmals an ihr gerieben hat und ihr dann ... nun, wie soll ich sagen ... das Nachthemd befleckt hat. Sie musste dreimal pro Nacht die Kleidung wechseln. Am Ende hatte sie mehr als vierzig Nachthemden im Schrank und hat den ganzen Tag fast nichts anderes mehr getan, als Nachthemden zu waschen und aufzuhängen.«

»Warum hat se nich gleich ohne Kleidung jeschlafen?«, wirft Norman geistesgegenwärtig ein.

»Nun, da kann ich nur Vermutungen anstellen. Es liegt wohl mitunter daran, dass es weit angenehmere Gefühle für eine Frau gibt als den Samen eines Hundes auf ihrer nackten Haut. Aber wie gesagt – das sind nur Vermutungen und keine medizinischen Erkenntnisse.«

»Igitt«, fügt Tanja angewidert hinzu. »Aber die Geschichte macht mich jetzt schon ein bisschen nachdenklich. Denn so ein Triebtäter war unser Lio eigentlich gar nicht. Mir genügt schon ein Nachthemd, wenn überhaupt. Er hat mich ja nie sexuell missbraucht. Und Norman auch nicht.«

»Na, das ist ja zumindest schon mal was. Aber wussten Sie eigentlich, dass jeder zehnte Hamster schwul ist? Und das ist jetzt übrigens eine veterinärmedizinische Erkenntnis. Hier auf dem Bild an der Wand, das ist so ein Bursche. Seine Besitzer haben ihn ›Hamster Peter‹ genannt, als sie es herausgefunden haben – oder kurz ›Hape‹. Aber bei

Beagles kommt die Neigung zum eigenen Geschlecht eher selten vor, die meisten sind hetero.«

»Eigentlich erscheint mir Lio jetzt überhaupt nicht mehr wie ein Sexprotz, in welche Richtung auch immer. Gut, er hat ein paar Rüden angebellt und auf dem Trainingsplatz an dieser Hündin herumgeschnuppert, die mich auf seltsame Weise an diese eine billige Blondine aus dem Fernsehen erinnert hat. Sie hieß, glaube ich, sogar so ähnlich wie sie. Wie war noch gleich ihr Name, Norman?«

»Ik weiß nich. Jordan?«

»Nein, nicht die, die andere. Mein Gott, es gibt echt schon zu viele davon.«

Dabei schiebt Tanja ihren Schal noch ein Stück weiter über den Hals – vielleicht, um sich durch ihre Zugeknöpftheit von der erwähnten Bevölkerungsgruppe abzuheben.

»Egal. Jedenfalls hoffe ich, dass wir keinen Fehler gemacht haben. Es geht unserem Lio doch gut, Dr. Hammel, oder?«

»Da machen Sie sich mal keine Sorgen. Ihr Hund wird das alles problemlos wegstecken. Und wenn es irgendwelche Komplikationen gibt oder wenn er wieder frontal oder rektal an billigen Blondinen herumschnüffelt, haben Sie ja meine Nummer. Rufen Sie mich gerne jederzeit an. Auch wenn es dunkelhaarige Hündinnen sind übrigens, dann aber bitte nicht nach 22 Uhr.«

Betretenes Schweigen. Offenbar hat niemand erwartet, dass ein Tierarzt so ein Spaßvogel sein kann. Nach einer kurzen Pause fügt Dr. Hammel hinzu:

»Bitte entschuldigen Sie. Das war nur ein kleiner Scherz, um die Stimmung etwas aufzulockern. Ich kann ja sehen, dass Sie beide immer noch hin- und hergerissen sind. Aber glauben Sie mir – es gibt dafür wirklich keinen Grund. Das Beispiel, das ich Ihnen geschildert habe, ist natürlich sehr extrem. Der besagte Beagle hieß im Übrigen Rocco und hat sich wohl für einen italienischen Hengst gehalten. Da lag eine massive Verhaltensstörung vor, und mit britischer Zurückhaltung war es in seinem Fall nicht weit her. Trotzdem gibt es auch in gemäßigteren Fällen gute Gründe für eine Operation. Und wer außer dem Hundeprofi wüsste besser, was gut für Hunde ist? Also, passen Sie gut auf unseren Patienten auf. Und Ihnen wünsche ich noch alles Gute für die Geburt. Wann ist es denn so weit, wenn ich fragen darf?«

»In vier Wochen.«

Dabei streichelt Tanja mit beiden Händen ihren kugelrunden Bauch, der ihre großzügig geschnittene weiße Bluse zu einer Hügellandschaft wölbt.

»Na gut, es hilft ja jetzt sowieso nichts mehr. Komm, Norman, lass uns gehen. Vielen Dank, Dr. Hammel.«

Behutsam hebt mich Norman mitsamt meiner Decke vom Operationstisch. Dann verabschieden sich Tanja und Norman von Dr. Hammel und verlassen mit mir auf Normans Arm das Behandlungszimmer, wo das Bild des schwulen Hamsters Hape an der Wand hängt. Den ganzen Weg bis zum Parkplatz spricht keiner von beiden auch nur ein einziges Wort. Erst als sie im Wagen sitzen und Norman mich mitsamt meiner Decke auf dem Rücksitz abgelegt hat, bricht er das Schweigen:

»Ist trotzdem komisch, det Janze. Ik meine, wir haben bald eine Tochter, unsere eigene kleene Familie.«

Und dann sagt er etwas, das ich nie vergessen werde:

»Aber unser Lio wird nie mehr Kinder haben können.«

Tanja senkt schweigend den Kopf. Einen Moment lang höre ich sie nur ein- und ausatmen, immer tiefer und tiefer, als versuche sie, sich zu beruhigen. Dann sieht sie Norman mit ernster Miene an, als hätte sie soeben eine wichtige Entscheidung getroffen.

»Ja, du hast recht. Fahr bitte ins Krankenhaus.«

»Schatz, du bist ja echt süß, aber ik glaub nich, dass die da noch viel machen können.«

»Fahr bitte ins Krankenhaus! Sofort!«

Doch Norman startet den Motor nicht, sondern sieht sie nur einen Moment lang verständnislos an.

»Oder soll ich unser Baby vielleicht gleich hier auf dem Beifahrersitz kriegen?«

KAPITEL 9

Göttliche Fügungen

»Oh mein Gott!«

Obwohl ich mit meinem Lampenschirm ein bisschen aussehe wie eine Nonne in einem französischen Film, weiß ich nicht, ob es einen Gott gibt. Das weiß niemand so genau. Trotzdem ist das für viele Menschen kein Hinderungsgrund, ihre Artgenossen zu bekämpfen – die zwar auch nicht mehr wissen, aber in ihrem Unwissen nicht derselben Meinung sind. Die einen gehen sonntags eine Oblate essen, die entfernt nach Heiland schmecken dürfte, die anderen setzen sich in den Schneidersitz und fixieren lieber stundenlang einen Stein. Die einen rasieren sich längere Zeit nicht und verbeugen sich auf einem kleinen Teppich vor einer Stadt, in der sie gar nicht sind. Und wieder andere lassen sich selbst seltsame Koteletten wachsen, entsagen dafür dem Schweinskotelett und an einem Tag pro Woche sogar der lasterhaften Betätigung von Lichtschaltern. Und manche stehen einfach unangekündigt vor der Wohnungstür und bieten eine gemeinsame Textinterpretation an, bei der kaum jemand mitmachen will. Aber immerhin ist das eine Religionsgemeinschaft, die auch Hausbesuche macht. Zwei Vertreter dieser Glaubensrichtung haben sogar einmal bei Dolly geklingelt, aber als sie erkannt haben, wer ihnen da die Tür öffnet, haben sie sich bekreuzigt und sind wortlos wieder von dannen gezogen. Wie dem auch sei, ich weiß nicht, ob sich all diese Menschen ihrem Gott dann besonders nahe fühlen, aber ich kann mit ihren seltsamen Sitten und Bräuchen prinzipiell ganz gut leben. Ich weiß nur eins: Wenn es tatsächlich einen Gott gibt, dann ist er mit ziemlicher Sicherheit kein Beagle. Und er ist auch kein Fan von diesem einen Beagle, der im Ausgleich für die gähnende Leere, die nun dort herrscht, wo unlängst noch ein adeliges Paar Hoden auf seinen Einsatz wartete, gerade einen Trichter über den Kopf gestülpt bekommen hat. Es muss ein sarkastischer, schadenfroher Gott sein. Denn erst schickt er mir einen inkontinenten Exeisenbahner, der nicht nur vergisst, mit mir Gassi zu gehen, sondern als Strafverschärfung auch noch winzige Bäume in seinem Wohnzimmer aufstellt (die ich jedoch nicht als Ausweichtoilette benützen darf). Dann bekomme ich eine Audienz beim Hundepapst und erfahre, dass seine Exzellenz Martin der Erste den Heiligen Hundegeist per Post empfangen hat und viele seiner Wunder erst am Schneidetisch entstehen. Und jetzt, nachdem ich gerade erst den noch weit weniger wundervollen Schneidetisch von Dr. Botho Hammel als kinderloser Eunuch auf Lebenszeit verlassen musste, beschließt dieser schelmische Gott, dass ich umgehend bei einer Geburt dabei sein muss.

Jetzt weiß ich, warum es oft »höhere Gewalt« heißt, wenn etwas Unvorhergesehenes passiert. Und dieser höheren Gewalt werde ich einmal mehr geopfert. Aber nicht vergessen: Der Trichter auf meinem Kopf funktioniert wie ein Schallverstärker. Falls irgendjemand da oben auch nur ganz leise zu lachen beginnt – ich kann dich hören!

»Oh mein Gott!«

Das waren also die ersten Worte, die Norman entfahren sind, nachdem Tanja ihm die frohe Botschaft ihrer baldigen Niederkunft übermittelt hat. Und weil Gott auf Normans Worte ebenso wenig geantwortet hat wie auf die Rufe von Frau Schlüter, unserer Nachbarin, trifft Norman eine Entscheidung: mit Höllentempo ins Krankenhaus. Wenige Minuten später rast das Auto bereits über die Rheinkniebrücke Richtung Klinikum Dortmund Mitte. Tanja atmet mittlerweile so schwer wie ich in der Frühzeit unserer Spaziergänge. Trotz der angebrachten Eile versucht Patiententransporteur Norman am Steuer des Wagens das Kunststück, meine frische Operationswunde nur jeder zweiten oder dritten Bodenwelle auszusetzen. Während ich das alles still und leise über mich ergehen lasse, jault der Motor bei jeder Kreuzung auf. Norman wirft einen prüfenden Blick über die rechte Schulter, um sicherzugehen, dass ich noch in einem Stück bin. Nun, das kann ich zwar seit Kurzem nicht mehr ganz bestätigen, aber immerhin liege ich auf einer weichen Decke, und die Federung des Autos scheint derzeit noch keinen dringenden Service zu brauchen. Ich würde Norman also gerne ein

»Daumen hoch« zeigen. Doch Daumen sind leider ein weiterer Körperteil, der mir fehlt.

Als der Wagen an einer roten Ampel zu stehen kommt, legt Norman seine Hand sanft auf Tanjas Schulter.

»Ganz ruhig, Schatz, is ja nich mehr weit. Det Navi sagt, wir sind in sieben Minuten da.«

»Das soll es nicht mir sagen, sondern unserer Tochter! Und falls die sich nicht dran hält, darf es ihr gerne ›Bitte wenden‹ sagen!«

»Was machen wir eigentlich mit Lio?«

»Na, was schon? Willst du vielleicht Futterbeutel im Kreißsaal werfen?«

»Keine Ahnung. Der Martin ist aber auch nie da, wenn man ihn mal wirklich braucht!«

Fernstudenten sind nun mal bestens ausgebildet im Fernbleiben, denke ich mir auf dem Rücksitz.

»Lio muss wohl im Auto bleiben«, entscheidet Tanja zwischen zwei intensiven Atemzügen. »Ich kenne jedenfalls niemanden, der bei einer Geburt sein Haustier dabeihatte.«

»Nee, stimmt. Die dürfen da auch sicher nicht rein. Nicht dass man die dann noch mit dem Kind verwechselt. Heißt ja immer, Hunde werden ihren Besitzern immer ähnlicher.«

Bei Normans Worten muss ich wieder an meine missglückte Flucht aus der Dortmunder Eishalle denken. Nicht nur, weil ich momentan so weit weglaufen möchte wie möglich, sondern auch, weil Norman schon wieder Hochdeutsch gesprochen hat. In Stresssituationen scheint er immer wieder zu vergessen, dass er Berliner ist. Berliner sind nie gestresst. Ergo kann jemand, der gestresst ist, auch kein Berliner sein. Zumindest sehen Normans Stimmbänder das wohl so.

Als die Ampel auf grün springt, scheint Norman die vom Navi berechnete Zeit von sieben Minuten um mindestens neun Minuten unterbieten zu vollen, denn das Auto macht einen abrupten Satz nach vorne, und wir schrammen nur haarscharf an einem Auffahrunfall vorbei.

»Pass bitte auf, Norman!«, kreischt Tanja. »Das ist immer noch ein Kind hier in meinem Bauch und kein Beifahrerairbag!«

Angesichts der waghalsigen Fahrt hebe auch ich mein lampenbeschirmtes Haupt zwecks kurzer Überprüfung meiner aktuellen Lage. War das schon mein Ende? Folge ich, der Jagdhund, meinen Hoden nun in die Ewigen Jagdgründe nach? Offenbar nicht. Denn als ich einen Blick aus dem Fenster werfe, stelle ich einigermaßen beruhigt fest, dass nur die Dortmunder Häuserzüge entlang des Westfalendamms an mir vorbeiziehen – und nicht mein Leben. In einiger Entfernung sind bereits die Umrisse des Klinikums zu erkennen. Ich atme auf. Wir sind bald da. Es wäre die richtige Zeit für ein Stoßgebet, aber ich möchte meinen schadenfrohen Freund da oben – falls es ihn gibt – nicht schon wieder auf irgendwelche wahnwitzigen Ideen bringen. Denn ich bin mir nicht sicher, ob dieses Fahrzeug einen dreifachen Toeloop so sicher stehen würde wie Tanja vor ihrer Schwangerschaft.

Norman biegt auf die Hohe Straße ein und holt jetzt das Letzte aus dem Auto heraus – wohl wissend, dass jeder

Radfahrer oder Passant, der ihm ab hier in die Quere kommt, nun schon deutlich erhöhte Überlebenschancen hätte, da es nur noch wenige Hundert Meter bis zu den rettenden Infusionsbeuteln sind. Auf Tanjas Stirn haben sich erste Schweißperlen gebildet. Sie hält ihren Bauch wie einen Medizinball und wirft Norman einen besorgten Blick zu, als wolle sie ihm sagen: »Beeil dich, es geht gleich los.«

Mit quietschenden Reifen manövriert Norman den Wagen in die Einfahrt des Klinikums, als plötzlich ein dumpfer Knall ertönt. Ich fahre wie ein Blitz von meinem Sitz hoch. Und auch auf den Vordersitzen macht sich blankes Entsetzen breit.

»Ach du Scheiße!«, brüllt Norman. »War das deine Fruchtblase?«

Hektisch fährt er fort:

»Ich hab gar nicht gewusst, dass das so laut ist! Alles okay? Läuft was aus? Brauchst du die Decke von Lio?«

Tanja schüttelt panisch den Kopf und ich auch. Meine Decke eignet sich ganz sicher nicht als Aufnehmer für Fruchtwasser. Und ich selbst möchte in Anbetracht meiner höchst sensiblen Lage derzeit auch nicht auf meine flauschige Unterstützung bei der Wundheilung verzichten.

Als das Auto nach wenigen Metern vor der Frauenklinik zu stehen kommt, stellt Norman erleichtert fest:

»Nee, Gott sei Dank. War wohl nur der Keilriemen. Die Lenkung spinnt, und Licht ist aus. Ich seh mir das gleich mal an.«

Halleluja, Gott hat die Fruchtblase verschont und straft weiterhin nur mich! Aber immerhin bleibt meine Decke, wo sie ist.

»Äh ... Norman!«

»Was?«

»Unser Baby!«

»Ich meine ja nur ... gleich danach.«

»Du musst es mir nur sagen, wenn du die Geburt deiner Tochter lieber in der Werkstatt erleben willst. Vielleicht bringst du ja gleich einen Satz Winterreifen in die Säuglingsstation mit. In Rosa.«

Es ist immer wieder beeindruckend, wie sehr ein Kind ein Paar verändert – sogar wenn es noch gar nicht geboren ist. Tanja ist plötzlich sarkastisch. Und Norman Hochdeutscher.

»Entschuldige, Schatz. Ich war kurz verwirrt. Aber ich bin ja hier. Und jetzt holen wir mal unsere Kleine auf die Welt. Die kann's ja scheinbar kaum erwarten, uns zu sehen.«

»Ich weiß. Sie ist vier Wochen zu früh dran. Ich mache mir schon ein bisschen Sorgen.«

Der werdende Automechaniker streicht der werdenden Mutter beruhigend über die Wange.

»Wird schon schiefgehen. Und wenn du hier nicht die allerallerbeste Betreuung kriegst, dann schwöre ich dir eins: Ich rufe Tonya Harding an, und die zeigt allen mal, was eine Harke ist!«

»Oder eine Eisenstange.«

Beide müssen herzhaft lachen, und die allgemeine Verspannung scheint sich etwas zu lösen. Ich kenne die Geschichte aus den Gesprächen der beiden. Tonya Harding ist ein immer wiederkehrendes Thema, wenn es um die dunklen Seiten der Welt jener geht, denen Eis heilig ist. Denn sie hat in den Neunzigerjahren ihre schärfste Konkurrentin durch einen Attentäter ausschalten lassen, der besagter Nancy Kerrigan das Knie mit einer Eisenstange malträtierte. Auch so kann man eine Eiskunstläuferin ins Krankenhaus bringen. Tonya hatte ihre Kollegin schon vor dem Wettbewerb geschlagen. Nur eben mit dem Eisen statt auf dem Eis. Und war somit zum Herrn Brösigke des Eiskunstlaufs geworden.

»Bereit, Schatz?«

Tanja nickt.

»Ja. Alles okay. Los geht's.«

Dann drehen sich die beiden zu mir nach hinten.

»Lio, Kleiner. Du musst hier leider noch'n bisschen warten. Unsere Tochter hat sich im Datum geirrt. Echt dumm gelaufen. Aber kann man leider nicht ändern.«

Ich seufze traurig. Und für einen Moment vergesse ich, dass die beiden dafür gesorgt haben, dass meine Zeugungsfähigkeit mittlerweile mehrere Kilometer Luftlinie von mir entfernt ist. Ich gebe ihnen keine Schuld. Eigentlich sind sie keine schlechten Menschen. Ich hatte sogar irgendwie angefangen, sie zu mögen. Sie sind vielleicht nicht die Spannendsten, aber sie haben keine wirklich bösen Absichten. Es war der Hundeprofi, der offenbar neidisch ist auf alles, was nicht so klingt wie ein Eunuch. Und sie sind diesem Fernsehprediger gefolgt wie zwei Lemminge.

Tanja und Norman tätscheln mir kurz den Kopf, fahren das Fenster auf meiner Seite einen Spaltbreit herunter und verlassen dann das Auto mit dem gerissenen Keilriemen. Eilig steuern sie auf den Eingang zur Frauenstation zu, um auch noch den Keilriemen zwischen Tanja und ihrer Tochter loszuwerden. Schnipp-schnapp, die Zweite. Wenigstens geschieht es hier für einen guten Zweck.

Ich sehe den beiden aus dem Wagenfenster nach. Von außen muss das wohl so wirken, als würde ihnen eine kleine Lampe den Weg ins Familienglück leuchten wollen. In der Luft liegt ein Hauch von Medikamenten. Davon habe ich für heute aber schon mehr als genug in der Nase. Ich mache mich ganz klein, kuschle mich wieder auf meine Decke und schließe meine Augen. Plötzlich fühle ich mich sehr einsam und hundeelend. Nach unserer halsbrecherischen Fahrt sind Tanja und Norman wohlbehalten an ihrem großen Ziel angekommen und haben bald eine kleine Familie. Gott sei Dank kam dabei trotz der Panne auf der Zielgeraden niemand zu Schaden.

Und dennoch liegt auf dem Rücksitz, zusammengerollt auf einer Decke und mit einem Plastiktrichter um den Hals, ein Verkehrstoter.

KAPITEL 10

Nachwehen mit Typberatung

Jona, die Tochter von Tanja und Norman, hat das Licht der Welt um 17.56 Uhr erblickt. Ein perfekter Zeitpunkt, denn nur eine gute Stunde später strahlt ein Privatsender jene Seifenoper aus, in der ihre Eltern jahrelang mitgespielt haben und die sie gucken kann, falls ihr das Licht der Welt zu langweilig wird. Über die Geschehnisse im Kreißsaal weiß ich nur so viel: Die Geburt hat recht lange gedauert, denn trotz ihrer schlanken 2700 Gramm wollte Jona den Geburtskanal nicht so elegant passieren wie eine Skeletonfahrerin den Eiskanal. Bestzeit wurde es also keine, und Tanja lag volle 23 Stunden in den Wehen. Doch selbstverständlich hat Norman währenddessen nicht das Auto reparieren lassen – obwohl ausreichend Zeit für einen kompletten Service gewesen wäre –, sondern ist an der Seite der werdenden Mutter geblieben, um sie zu unterstützen. Und um endgültig sicherzugehen, dass Tonya Harding nicht gebraucht wird. Dabei hat er die meiste Zeit Tanjas Hand gehalten. Nur ein paar Minuten lang hat er versehentlich die Hand des Frauenarztes gehalten, was diesen allerdings verdächtig wenig gestört hat. Norman hat zwischenzeitlich sogar nach einem Kaiserschnitt gefragt, aber der Doktor hat ihm glaubhaft versichert, dass er den nun wirklich nicht nötig habe – und Tanja auch nicht. Er sei sich außerdem sicher, dass Tanja das allein schaffen werde. Wer Bronze bei den Olympischen Spielen gewinnt, der müsse schließlich über einen gewissen Ehrgeiz verfügen. Er sollte sich täuschen. Als Jona nach dem Kaiserschnitt gesund und munter auf der Welt war, hat der Frauenarzt Tanjas Tapferkeit gelobt, und danach erst Jona und anschließend Norman einen Klaps auf den Hintern gegeben. Mit ihren 2700 Gramm ist Jona zwar noch keine ausgewachsene Eiskunstläuferin, aber sie hätte bereits das Idealgewicht für eine Karriere in der rhythmischen Sportgymnastik. Und nein, ich bin natürlich nicht die ganze Zeit auf dem Rücksitz in meinen eigenen Wehen gelegen. Norman und Tanja haben ihre Freundin Petra angerufen, die gerade ihren freien Montag hatte und meist sehr spontan ist. Petra holte mich von der Klinik ab und brachte mich mit ihrem Auto zurück nach Hause. Dabei hatte ich die Gelegenheit, sie etwas näher kennenzulernen. Petra kaut Kaugummi mit offenem Mund, hat bunte Fingernägel mit kleinen Palmen drauf und duftet ziemlich penetrant nach Parfüm. Ihrem kleinen pinkfarbenen Auto hat sie ebenso falsche Wimpern aufgeklebt wie sich selbst. Der Wagen sei ja auch kein »Er« sondern eine »Sie«, das hat Petra mehrmals betont.

Gendering sei heutzutage äußerst wichtig, erklärte Petra. Sie interessiere sich sehr für Feminismus und sehe gar nicht ein, warum es zwar Französinnen, Japanerinnen und Hunderte andere -innen, aber keine »Deutschinnen« gebe. Und das, obwohl wir ein weibliches Staatsoberhaupt hätten, auch wenn deren Weiblichkeit recht unaufdringlich sei. Das sei ein ganz schöner Skandal, und ich solle mir »das mal überlegen«. Ich nahm es mit unbewegter Miene zur Kenntnis, stellte aber fest, dass mir seit dem Aufwachen recht egal war, ob jemand Hund, Hündin oder irgendwas dazwischen ist.

Wie dem auch sei, auf der Rückfahrt vom Klinikum durfte ich jedenfalls vorne sitzen, auf dem Beifahrerinnensitz der rosa Automobilin. Keine der zwei Damen verfügt nämlich derzeit über einen fixen Partner, was im Falle der vierrädrigen nicht gerade ungewöhnlich ist. Von Petras unfreiwilligem Singledasein hingegen musste ich bereits bei der vierten roten Ampel erfahren. Nach dem, was sie mir eine Ampel später erzählt hat, trifft sie sich zwar gelegentlich mit Männern, dann aber hauptsächlich auf dem Rücksitz ihres Autos. Wegen ihrer Mitbewohnerin, die ein bisschen unentspannt sei. Doch eine Frau habe ja durchaus auch das Recht, ihre Triebe auszuleben. Aber leider seien die meisten Männer letzten Endes »ziemliche Knalltüten«, wie sich meist bereits im Inneren der Automobilin herausstelle. Der Vordersitz wäre allerdings noch Jungfrau, oder »na ja, zumindest beinahe noch Jungfrau«. Obwohl ich selbst nicht mehr verkehrstüchtig bin, hat sie mir in der intimen Atmosphäre ihrer pinken Automobilin mehr aus ihrem Liebesleben erzählt, als mir lieb ist. Sie fände es nämlich »total geil«, dass sie endlich auch einmal jemanden habe, der ihr einfach nur zuhöre, denn normalerweise werde sie von Menschen an ihrem Arbeitsplatz »hemmungslos vollgelabert«.

»Ich bin Haarstylistin, Kleiner«, hat sie mich wissen lassen. »Keine Friseuse. Das klingt so was von prollig. Und ich bin ja nun wirklich keine von diesen Tussen, die ohne Ende im Solarium und im Nagelstudio herumhängen. Nee, nee. Ich hab schon höhere Ansprüche! Und ich nehme meinen Job echt total ernst. Haarstylistin ist ja auch ein verantwortungsvoller Beruf, weil die Haare der Spiegel deiner Seele sind. Am Kopf hast du ja auch ein Chakra. Und man kommt den Menschen ganz schön nahe, wenn man ihnen die Haare macht. Da müssen sie sich fallen lassen. Deshalb labern sie wahrscheinlich auch so viel. Weil sie ihr Schicksal in deine Hände legen und weil du mit einem guten Haarschnitt ihr Chi stärkst, verstehst du? Das Chi ist echt wichtig, das ist deine Lebensenergie. Ohne Chi geht gar nichts. Meine Freundin Melanie hat sich mal nichts weiter als eine falsche Koloration in ihre Haare gemacht, und zack – war ihr Chi nicht mehr im Gleichgewicht. Erst ist ihr der Absatz von ihren High Heels abgebrochen, als sie bei Mark war, und dann hat ihr Freund sie noch am selben Tag verlassen – obwohl sie ihm hoch und heilig geschworen hat, dass das mit Mark nichts Ernstes war – nur Sex. Krass, oder? Und alles nur wegen einer falschen Haarfarbe. Sie hat dann sogar versucht, sich umzubringen, aber auch das ist schiefgelaufen. Sie hat statt

Schlaftabletten nur eine Überdosis Antibabypillen geschluckt. Danach hat sie zwar abwechselnd gekotzt und geweint, aber sie hat es überlebt. Und hat heute sogar drei Kinder. Das mittlere ist übrigens von Mark. Das hat so hübsche hellbraune Locken. Echt supersüß.«

Als wir elf Ampeln später zu Hause angekommen sind, hat Petra übrigens auch geweint. Nicht wegen einer Überdosis Antibabypillen, sondern weil sie spätestens bei der vorletzten Kreuzung festgestellt hat, dass sie eigentlich auch wahnsinnig gerne Kinder hätte – nur wäre es heutzutage einfach viel zu schwierig, den passenden Mann dafür zu finden unter all diesen Knalltüten. Sie hat schon überlegt, es mit einer Frau zu versuchen und ein Kind zu adoptieren, aber da wisse man auch noch nicht, ob die Kinder dann nicht völlig gaga werden. Sie könnten womöglich den Halt verlieren. Und da könne es passieren, dass sie sich Piercings durch viel zu viele Körperteile stechen, den Rest ihrer Haut unter Totenkopf-Tattoos verstecken, sich die Haare in hässlichem Blauschwarz färben und gelegentlich Satan anbeten. Damit wäre dann auch das Chi beim Teufel, und das wolle doch echt niemand – am allerwenigsten der Teufel selbst.

Als sie mich schließlich auf meiner Decke im Wohnzimmer absetzte, bedankte sie sich sehr überschwänglich bei mir und sagte noch mal, wie toll es sei, dass sie mit mir über einfach alles reden könne und was für ein verständnisvoller Zuhörer ich doch sei. Ich sei auf jeden Fall etwas ganz Besonderes, das dürfe ich nie vergessen. Sie hat mir auch hoch und heilig versprochen, ihr Leben zu ändern und ab sofort ernsthaft an ihrem doch sehr dringenden Kinderwunsch zu arbeiten. Danach hat sie mir noch meinen Napf mit Futter gefüllt, mich liebevoll überall gestreichelt, um alle Hundechakren mit ihrer Energie aufzuladen, und mir angekündigt, dass sie in einigen Stunden mit mir Gassi gehen werde, falls Tanja und Norman noch nicht aus dem Krankenhaus zurück seien. Aber jetzt habe sie einen Termin im Nagelstudio und dann müsse sie noch kurz auf die Sonnenbank. Aber nur auf das »allerallerschwächste Gerät«, denn, wie bereits erwähnt, sei sie ja Feministin und keine Tussi.

Ich lasse meinen geschundenen Körper vorsichtig auf die weiche Decke im heimischen Wohnzimmer sinken. Dabei frage ich mich, ob es nur ein Zufall ist, dass ich seit der Operation, die mich jeglicher Aussicht auf Nachkommenschaft beraubt hat, ausschließlich mit dem Thema menschlichen Nachwuchses konfrontiert werde. Erst die überraschende Vorverlegung von Jonas Geburtstermin – und jetzt Petra, die Haarstylistin, die irgendwo zwischen Innenstadt West und Innenstadt Ost ihre biologische Uhr entdeckt hat und seit unserer Ankunft in Hörde nur noch einen Wimpernschlag ihres zwangsgegenderten Autos davon entfernt ist, mit dem nächstbesten Mann ein Kind zu zeugen. Und alles nur, weil sie ihre Geschichte einem Beagle erzählt hat, der diese Wahl selbst nicht mehr hat. Ich muss an mein Gespräch mit Gina-Lala denken und beneide die Hündin immer mehr darum, dass sie die Menschen nicht versteht. Ich verstehe zwar, was sie sagen, aber ihr Verhalten erscheint mir oft doch mehr als seltsam und verwirrend. Jetzt liege ich hier mit einer frischen Operationsnarbe, weil ein Hundeprofi das über meinen Kopf hinweg entschieden hat, als dieser noch nicht in einem Lampenschirm feststeckte. Und ich frage mich, ob es irgendwen da draußen gibt, der mich wirklich versteht. Noch habe ich diesen Menschen nicht gefunden. Fest steht: Ich muss hier weg und weiter suchen. Ich bin am falschen Ort. Ich habe hier nichts verloren, wenn man von meiner Zeugungsfähigkeit absieht. Und ich werde der Letzte meiner Art sein. Das heißt, ich werde keinen leiblichen Spross mehr haben, dem ich etwas weitergeben kann. Doch tief in meinem Innersten spüre ich, dass ich irgendeine wichtige Aufgabe zu erfüllen habe. Gina-Lala hat gesagt, ich sei etwas Besonderes. Und Petra auch, obwohl ich die nur für bedingt zurechnungsfähig halte. Und wenn ich etwas verändern will, dann muss ich jetzt damit anfangen. Aber hier wird das kaum möglich sein. Denn alle, die meinen Weg bis jetzt gekreuzt haben, sind viel zu sehr mit sich selbst beschäftigt oder projizieren ihre eigenen Befindlichkeiten, Wünsche und Ängste in uns Hunde. Es ist bezeichnend, dass sie manchmal sogar vor mir auf den Boden knien und dümmlich grinsend fragen: »Ja, wo isser denn?«, obwohl ich doch direkt vor ihnen stehe. Trotzdem denken sie, dass wir einander nahe sind und uns verstehen. Aber was wissen sie schon von uns? Und wer fragt denn schon, wie es dem Hund geht? Nein, das hier kann nicht mehr mein Zuhause sein. Hier werde ich nichts bewirken. Und jetzt haben Tanja und Norman auch noch ein Kind, das sie noch weiter von meinen Bedürfnissen ablenken wird. Sie werden mich

Bei Dolly fühle ich
mich richtig wohl

Dolly und ich beim Gassi gähn

Dollys Tätowierung: Das Erste, was ich von ihr sah

Gute Freunde: Dolly, Tanja und ich

Schwestern im Geiste: Dolly und Olivia

genauso wenig verstehen können wie ihre Freundin Petra. Wenn der Wunschvater von Petras Kind ein ähnlich verständnisvoller Zuhörer und guter Gesprächspartner sein soll wie ich, dann empfehle ich ihr Herrn Brösigke, der auch ganz alleine in seiner Welt lebt.

Ich befürchte allerdings, dass sein Triebwagen nicht zu ihrem Chi passt.

KAPITEL 11

Vier Frauen, ein Kind, kein Hund

»Hallo, ich bin Dolly. Guten Morgen!«

Mit diesem Satz begann der Tag, der mein Leben verändern sollte. Ausgesprochen hat ihn die große blonde Dame, die gerade im Türrahmen von Tanjas und Normans Zuhause steht oder besser, erschienen ist. Denn sie ist tatsächlich eine Art Erscheinung. Obwohl sie lebenslustig und freundlich wirkt, trägt sie ausschließlich Schwarz. Unter ihrem kurzen schwarzen Mantel verbirgt sich ein ebenso kurzes schwarzes Kleid. Dafür nimmt eine riesige Sonnenbrille, deren Gläser ihre Augen selbst dann noch verdecken würde, wenn sie eine Libelle wäre, und die von ziemlich langen Stirnfransen und einem ziemlich breiten Lächeln gesäumt ist, fast die Hälfte ihres Gesichts ein. Aber auch sonst bringt Dolly eine völlig neue Dimension in das Zuhause von Tanja und Norman. Eine schwarze Tasche von der Größe eines ausgewachsenen Bernhardiners baumelt von ihrem Unterarm. Die zwei überlebensgroßen Attribute oberhalb des Gürtels baumeln vermutlich recht wenig. Im Gegenteil: Sie scheinen der Schwerkraft so vehement zu trotzen, dass man nicht einmal überrascht wäre, wenn sie Dolly im nächsten Moment einen Kinnhaken gäben. Der Rest ihres Körpers erinnert mich stark an die Sanduhr, die Tanja und Norman bei einem Spiele-Abend vor ein paar Wochen auf dem Tisch stehen hatten. Die beiden haben das Quizspiel übrigens gewonnen, was nicht besonders schwer ist, wenn die Gegner Petra und deren neuer Freund Rogerio sind, der aus Panama stammt und meist nur »Qué?« gesagt hat. Leider war »Qué?« fast nie die richtige Antwort. Nur bei der Frage, wie das langjährige kubanische Staatsoberhaupt mit Vornamen heißt, haben sie es netterweise gelten lassen. Vielleicht wollten Tanja und Norman nach den zwei schwierigen Jahren mit mir endlich wieder einen leichten Gegner. Denn seit ihre Tochter Jona da ist, hat sich unser Verhältnis nicht unbedingt verbessert. Nicht dass ich etwas gegen die Kleine hätte oder ihr gar Leid zufügen wollte. Aber ihre Anwesenheit erinnert mich jede Sekunde daran, dass ich selbst nie Kinder haben werde. Deshalb habe ich begonnen, meinen Plan umzusetzen und gezielt zu rebellieren. Niemand soll glauben, dass das Entfernen meiner Hoden eine Patentlösung zur Hunde-Erziehung ist. Und so gelte ich immer noch als Problemhund. Sogar der allwissende Hundeprofi ist erneut konsultiert worden. Bei dieser Gelegenheit habe ich erfahren, dass er bereits vier Kinder hat und mittlerweile selbst geschnippschnappt ist. Allerdings ist dieser

Eingriff bei ihm reversibel, falls er doch noch mehr Nachwuchs-Hundeprofis in die Welt setzen will. Denn sein Futterbeutel steckt immer noch voller Samenzellen, es wurden nur Straßensperren auf dem Weg nach draußen errichtet. Womit wir wieder beim Thema wären: Projektion. Wir Hunde werden euch Menschen nicht ähnlicher. Ihr seht einfach nur das in uns, was ihr sehen wollt. Wer selbst keine Kinder mehr will, denkt, dass der Hund das nun auch nicht mehr nötig hat. Petra hat ihren Rogerio trotz der Ernsthaftigkeit ihrer zweiwöchigen Beziehung übrigens noch nicht nach Kindern gefragt, aber ich nehme mal an, er würde auch hier mit »Qué?« antworten. Schön, dass sie endlich einen Menschen gefunden hat, der sie genauso gut versteht wie ich. Und der keine »ziemliche Knalltüte« ist.

Doch zurück zu Dolly. Seit ihrem Erscheinen ist eins klar: Irgendwo sucht eine Wespe ganz verzweifelt ihre Taille. Und als wären ihre ebenso schlanken Beine noch nicht lang genug, stecken sie auch noch in Schuhen mit Absätzen, die man getrost als Kebabspieße zweckentfremden könnte. Dolly hat sich richtig aufgedonnert. Denn heute sind außer Tanja und ihrer Familie noch zwei weitere Frauen namens Panagiota und Andrea sowie ein ganzes Fernsehteam da. Und für die Kamera will sogar eine Dolly Buster heutzutage schön angezogen sein, denn ihre textilfreien Zeiten sind längst vorbei.

Nur einer ist nicht da: ich. Ich hatte meinen großen Auftritt im Fernsehen bereits. Deshalb muss ich heute im Keller mein Dasein fristen. Tanja und Norman haben lange überlegt, dann aber entschieden, dass ich nicht zugegen sein sollte, wenn so viele Leute in ihrer neuen Wohnung herumlaufen. Denn das würde mich nur noch nervöser machen, als ich derzeit ohnehin schon sei. Und bei so viel Aufregung könne man nicht auf das Baby aufpassen, das seit seiner Geburt im Dortmunder Klinikum erwartungsgemäß zum Lebensmittelpunkt von Tanja und Norman geworden ist. Was ich hier erzähle, habe ich also zum Teil aus dem Fernsehen, denn ich habe die fertige Sendung natürlich gesehen. Zusammen mit Hook übrigens, obwohl der leider kein Wort davon verstanden kann. Ich allerdings auch nur bedingt, weil Hook seinem Interesse an der Sendung durch ziemlich lautes Schnarchen Ausdruck verliehen hat. Zum anderen habe ich meine Informationen von Dolly selbst, die mit vor dem Fernseher saß und mit ihrem Mann Dino über den Besuch bei Tanja gesprochen hat. Ich besitze also ein gewisses Insiderwissen über unveröffentlichtes Material. Nachdem ich aber nicht dabei war, sondern in meinem Kellerverlies, kann ich nicht beschwören, dass sich wirklich alles exakt so zugetragen hat.

Dolly macht ein paar vorsichtige Schritte auf dem Fliesenboden und verschafft sich einen ersten Eindruck von den Räumlichkeiten. Schnell wird klar: Tanja und Norman haben jetzt eine Wohnung im Kinderzimmer ihrer Tochter und nicht umgekehrt. Denn keine anderthalb Meter entfernt von meinen beiden Näpfen – die wenigstens nicht senkrecht an die Küchenzeile montiert wurden, um Jona noch mehr Spielraum zu geben – beginnt ein Kunststoff-Vergnügungspark, der vermutlich noch aus dem

Weltall zu sehen ist. Eine Plastikrutsche mit Plastikschaukel, eine Art Pool voller Plastikbälle, eine entenförmige Doppelwippe, ein ganzer Fuhrpark mit Bobby-Car, Rennwagen und diversen Kinderwagenmodellen (einige davon vermutlich mit zuschaltbarem Allradantrieb, Seitenaufprallschutz und Nebelschlussleuchte). Gut möglich, dass Tanja und Norman bereits Pläne für einen Plastikhelikopter-Landeplatz beim zuständigen Bauamt für Kinderparadiese eingereicht haben. Prinzessin Jona sitzt vermutlich irgendwo in ihrem knallbunten Reich auf einer Plastikerbse und grinst. Ihre genaue Position lässt sich ohne Plastik-GPS allerdings nicht so ohne Weiteres feststellen.

Dolly hingegen zieht bei diesem Anblick ein Gesicht wie bei ihrer einzigen Dschungelprüfung, als man sie völlig sinnloserweise mit allerlei widerlichem Getier überschüttet hat.

»Aah, ja, man sieht schon, dass hier ein Kind residiert.«

»Willkommen im Småland«, ertönt es vom Sofa.

Småland ist Schwedisch und steht für das Kinderparadies, das man in allen IKEA-Märkten finden kann. Dort können sich Kinder von drei bis zehn Jahren vergnügen, während die Eltern einkaufen und dann mit ihren günstigen Vorhangstangen, Topfpflanzen, Sofabezügen, Schaukelstühlen, diversen Küchenutensilien und vier Billy-Regalen zufrieden zum Auto spazieren und nach Hause fahren – bevor sie realisieren, dass sie ihren Nachwuchs vergessen haben. Das kann leicht passieren, schließlich soll bei IKEA oft irgendetwas fehlen.

Die Dame, die Dolly in der Dortmunder Außenstelle von Småland begrüßt hat, ist allerdings keine Schwedin, sondern eine quirlige Griechin namens Panagiota. Allerdings spricht man ihren Namen wie »Panajota« aus oder kurz »Jota« oder, noch kürzer, gar nicht, weil man sie womöglich nicht kennt. Denn Panagiota lebt nicht unbedingt in einer sehr glamourösen Welt, sondern verkauft einfach nur Autos. Vielleicht klingt ihre Stimme deshalb so, als würde sie sehr, sehr viele Auspuffgase inhalieren. Doch da sie in ihrem Beruf ziemlich gut zu sein scheint, darf sie diesen mittlerweile vor der Kamera ausüben, um das schier grenzenlose Verlangen des deutschen Fernsehpublikums nach Nannys, Hundeprofis, Altwarenhändlern und Autoverkäuferinnen zu stillen. In ihrer Sendung versucht Panagiota, Autos, die eigentlich niemand mehr haben will, so geschickt weiter zu verkaufen, dass sie innerhalb von zwei Wiederverkaufsrunden genug Gewinn macht, um den Vorbesitzern deren Traumauto verschaffen zu können (oder zumindest das, was nach Abzug von Größenwahn davon übrig ist). Und wie so oft, wenn eine Kamera dabei ist, klappt dieses Vorhaben stets ganz hervorragend, denn viele Geschäftspartner lassen sich, wenn sie dabei gefilmt werden, bereitwillig übers Ohr hauen. Und so heißt es in jeder Folge: Ende gut, alles gut, denn am Schluss gibt es einen überglücklichen Autobesitzer und nur zwei Geschädigte, was beim Privatfernsehen bereits ein vorbildliches Resultat ist. Ich habe keine Ahnung, ob man Panagiota ausgewählt hat, weil sie Griechin ist und deshalb einen beispiellosen Geschäftssinn haben muss. Griechen hatten früher schließlich jede Menge Götter. Gut möglich, dass da auch eine Göttin des Gebrauchtwagenhandels dabei war. Panagiota ist allerdings in Solingen zur Welt gekommen.

Unmittelbar neben der Autogöttin hat Andrea auf dem Sofa Platz genommen – und zwar recht viel Platz. Sie erweckt eher den Eindruck, als würde sie neben Panagiota auch ganz gern mal vor Panna Cotta sitzen. Im Vergleich zu der zierlichen Mini-Verkäuferin neben ihr ist Andrea nämlich vom Fahrgestell her ein echter SUV. Dennoch haben sie eines gemeinsam – sie sind beide beim Fernsehen und bedienen ein Nischenpublikum mit mehr oder minder großem Erfolg. Andrea war die Moderatorin einer Show, in der sich die Leute über die Missgeschicke anderer Menschen königlich amüsiert haben. Danach hat sie selbst eine ziemliche Panne erlebt: Es stellte sich heraus, dass Andrea eine Show moderiert hatte, bei der sie nach nur drei Monaten wieder eingespart wurde – die Sendung selbst lief dann einfach ohne Moderation weiter. Nicht nur bei der Bahn, auch beim Fernsehen sind offenbar recht viele entbehrlich.

Auftritt Jona. Tanja hat ihre Tochter mittlerweile in irgendeinem Tiefseegraben des Atlantischen Kunststoffball-Ozeans aufgestöbert und trägt sie nun ganz stolz auf ihrem Arm durch die Wohnung.

»Komma hierher zu Mama, Jona. Such dir eine aus, sehen eh alle gleich aus«, bemerkt Panagiota mit ihrer frechen Ruhrpott-Schnauze.

Tatsächlich sind alle anwesenden Frauen mehr oder weniger blond. Mehr Ähnlichkeiten außer jener, die sie beim

Friseur – sorry, beim Haarstylisten oder der Haarstylistin – bestellt haben, kann ich jedoch nicht entdecken.

Dolly beäugt das Kind mit einem gewissen Argwohn. Ich sage bewusst »Dolly«, weil sie im Fernsehen immer Dolly ist und ich zu diesem Zeitpunkt noch keine private Nora kenne. Und ihren Blicken nach zu urteilen, hält diese Dolly nach wie vor lieber eine schwarze Designertasche im Arm als ein Baby. Deshalb sagt sie das Einzige, was ihr zu der Anwesenheit eines Kindes einfällt:

»Gemütlich und schön warm habt ihr's hier. Gefällt mir.«

»Ja«, erwidert Tanja. »Ich habe heute Morgen extra die Heizung ganz hochgedreht, weil wir wussten, dass du kommst.«

Und weil Dolly wusste, dass es kalt wird, hat sie heute Morgen extra ein ganz kurzes Kleid angezogen. Menschen und ihre Logik. Inmitten des ganzen Kinderspielzeugs wirkt die große blonde Dame in Schwarz jedenfalls wie ein Fremdkörper. Nachdem sie sich noch einmal vergewissert hat, dass sie mit ihren Absätzen keine Plastikteile aufgespießt hat, stakst Dolly mit ihren langen, nackten Beinen vorsichtig Richtung Sofa.

Währenddessen kommt Tanja mit vier Gläsern aus der Küche, die sie an ihre Gäste verteilt.

»So, ich hoffe mal, ihr mögt alle einen Sekt mit Aperol.«

»Klar, eine ideale Wahl für morgens, wenn das Müsli mal alle ist.«

Dazu muss man wissen, dass es vom Frühstück einer Dolly Buster bis zum Einbruch der Dunkelheit meist nicht sehr lang ist. Dolly verschläft recht gerne den halben Tag. Sie nennt das »Schönheitsschlaf«, obwohl sie nach dem Aufstehen meistens weit weniger gut aussieht als vor dem Zubettgehen.

»Sag mal, Tanja, bleibt es dabei, dass du heute mit deinem Mann einkaufen gehst?«, möchte Andrea in Erfahrung bringen, während sie sich ihre hellblauen Leggings zurechtzupft, auf denen ein Tierfell abgedruckt ist. Ich spare mir an dieser Stelle jeden weiteren Kommentar zu derartigen Kleidungsstücken. Das Thema hatten wir schließlich schon.

»Ja«, erwidert Tanja. »Norman ist ein echt guter Berater. Und ich habe mir was ganz Tolles einfallen lassen: Ich werde mich heute in Tinker Bell verwandeln.«

Dolly blickt Tanja verständnislos an, während ihr Gehirn fieberhaft nach einem Eintrag zu diesem Begriff zu suchen scheint. Doch offenbar ist die Person »Tinker Bell« recht selten in Pornofilmen anzutreffen. Vor allem nicht in solchen, wo Leute wie die Schlüters mitspielen. Rogerio würde jetzt vermutlich »Qué?« sagen. Dolly sagt stattdessen:

»Tinker Bell? Ist das nicht eine von den Teletubbies?«

Die Runde muss herzlich lachen. Es mögen zwar keine Akademikerinnen zugegen sein, deshalb liegt die Latte für Allgemeinwissen auch nicht besonders hoch. Aber in der Rubrik »Kindergeschichten« sollte man doch eine gewisse Mindestbildung mitbringen.

»Aber nein, Dolly, das ist doch die Fee aus Peter Pan. Sie lebt in Nimmerland mit ihm, möchte aber am liebsten ausbrechen und die Welt der Menschen kennenlernen.«

»Wirklich, möchte sie das? Dann sag ihr, ich war dort. Sie hat nichts versäumt«, kontert Dolly, nachdem sie einen Schluck von ihrem Sekt mit Aperol genommen hat und sich dabei zu fragen scheint, warum es bei Tanja trotz ihrer Olympiamedaille nur zu Steinfliesen und Sekt, aber nicht zu Marmorboden und Champagner gereicht hat. »Und wie sieht diese Fee aus?«

»Na ja, mit Flügeln und grünem Kleid halt.«

»Grün steht mir gar nicht«, schaltet sich Panagiota ein.

»Nee, dir passt sicher am besten Anthrazit mit roten Rallyestreifen«, witzelt Dolly.

»Ich bin aber wenigstens nicht tiefer gelegt, liebe Dolly«, erwidert Panagiota staubtrocken. »Trotzdem: Grün ist echt schwierig. Das ist ja höchstens auf Kreuzfahrten die Farbe der Saison. Da trägt das fast jeder, vor allem im Gesicht. Aber jetzt mal im Ernst – du willst deinen Kerl wirklich als Tinker Bell überraschen? Zum Jahrestag? Findest du das sexy? Sollte es da nicht, du weißt schon, ein bisschen Knick Knack geben? Und ich meine, wer will denn schon eine grüne Fee flachlegen?«

»Ach, lass sie doch«, wirft Dolly ein. »Man kann ja das Licht ausmachen, dann sieht man gar nicht mehr, dass man eine Fee im Bett hat.«

»Ich finde das eben sehr romantisch«, stellt Tanja fest. »Ich hab mich auch bei Holiday on Ice gerne in märchenhafte Figuren verwandelt.«

»Muss ja nicht jeder gleich hier auf Femme fatale machen wie du gestern mit Maske und Fächer«, wendet sich Dolly an die Göttin der C-Klasse. »Das macht die Sendung doch auch abwechslungsreich. Ich freu mich ja selber, dass man mir mittlerweile 500 Euro dafür gibt, dass ich mich anziehe und nicht dafür, dass ich meine Klamotten ablege.«

Zur Erklärung: Aufgabe der vier Frauen in der Sendung ist es, sich in vier Stunden und mit maximal 500 Euro Budget dem Motto »Jahrestag mit dem Partner« entsprechend einzukleiden und zu stylen.

»Und wo willst du so ein Outfit herkriegen?«, schaltet sich Andrea wieder in das Gespräch ein.

»Es gibt da so eine neue Shopping-Mall in Dortmund. Da wollte ich mal vorbeischauen.«

»Guter Plan«, bestätigt Dolly. »Ich kenne, ehrlich gesagt, keine einzige Fee im Ruhrgebiet, die ihre Sachen nicht im Einkaufszentrum in Dortmund kauft. Also – auf Trinker Bell.«

»Tinker Bell!«

»Wie auch immer. Prost!«

Daraufhin erheben die vier Frauen ihre Gläser, stoßen an und nehmen einen kräftigen Schluck – sogar Panagiota, die zuvor betont hat, dass sie nie Alkohol trinkt, abgesehen von heute, morgen und allen darauffolgenden Tagen.

»Apropos Bell«, stellt Dolly fest. »Ich habe beim Reinkommen zwei Näpfe auf dem Boden gesehen. Ich habe zwar keine Ahnung von Kindererziehung, aber ich nehme mal stark an, die sind wohl nicht für deine Tochter, oder?«

Tanja senkt mit etwas betretener Miene ihren Kopf und antwortet nach einem kurzen Zögern:

»Nein. Wir haben auch einen Hund. Einen zweijährigen Beagle, Lio.«

»Ach, wie süß! Ich liebe Hunde. Ich hatte meistens weiße Boxer, aber heute lebt nur noch einer davon. Aber ich liebe natürlich auch Beagles«, erwidert Dolly ganz begeistert.

Einen Moment lang herrscht Stille im Raum. Die drei Gäste blicken sich wortlos um, lassen ihre Augen über Jonas Småland schweifen, den weißen Fliesenboden im Flur, den Schreibtisch mit dem Apple-Computer darauf, über den Wandverbau mit Tanjas Pokalen, Porzellanfiguren und den abartigen Ethno-Figuren. Dolly unterzieht sogar das Tierfell vor dem Kamin einem prüfenden Blick. Nachdem sie festgestellt hat, dass es keinerlei Ähnlichkeit mit einem Beagle aufweist, wendet sich Dolly wieder an die zukünftige Tinker Bell.

»Und ... wo ist der?«

KAPITEL 12

Süße Freiheiten

Ich glaube, ich habe gerade eine Ratte gesehen.

Ein schwuler Hamster war das jedenfalls nicht. Und auch kein Feldhase, sonst hätte ich direkt niesen müssen. Nein, das war mit Sicherheit eine dicke, fette Ruhrpott-Ratte. Und natürlich weckt das sofort meinen Jagdinstinkt. Also sprinte ich los, schnurstracks in die Richtung, in die der gedrungene Schatten verschwunden ist. Nach vier Metern ist die wilde Treibjagd allerdings schon wieder zu Ende, was hauptsächlich daran liegt, dass hier auch der Keller zu Ende ist, in dem ich mich befinde. Außerdem bin ich über einen Fuß des schwedischen »Hutten«-Weinregals gestolpert, das aus Jonas Småland ebenso verbannt wurde wie ich. Gottlob ist dabei nichts zu Bruch gegangen, weder der 2007er Merlot noch der 2010er Beagle.

Die kurze Rattenplage war dennoch eine willkommene Abwechslung, denn hier ist es ansonsten furchtbar langweilig. Und es riecht nach einer Mischung aus Staub und

Moder. Ich bin hier unten, inmitten von Skiausrüstungen, Regalen, Werkzeug, Fahrrädern und allerlei Gerümpel, weil ich die Fernsehaufnahmen nicht stören soll. Oben herrscht inzwischen Hochbetrieb. Selbst Jona war so gestresst, dass sie nicht einmal mehr auf ihrem Enten-Bananen-Hybrid schaukeln wollte. Um weitere drohende Kindheitstraumata zu verhindern und die wertvolle Einrichtung vor einem potenziell randalierenden Beagle zu schützen, der in den letzten zwei Stunden eine Vase, einen Buchsbaum und einen Glaspokal von den Jugendmeisterschaften im Eiskunstlauf zerstört hat, haben Tanja und Norman mich wieder mal ein Stockwerk tiefer deponiert, gleich nachdem das siebenköpfige Fernsehteam eingetroffen ist. Allerdings mitsamt meiner Hundedecke und ausreichend Futter, das ich nun mit meinem Leben gegen sämtliche Angriffe von Nagern verteidigen werde. Denn ich habe einen gesunden Hunger. Seit ich bei Dr. Hammel aufgewacht bin, habe ich ständig Hunger. Und ich habe absolut keine Lust, meine Mahlzeiten zu teilen. Nicht einmal mit Norman, falls er wieder mal die Fruit Loops sucht. Ich presse meine Schnauze auf den Kellerboden und beginne zu schnüffeln. Sofort erkenne ich: Es liegt ein süßlicher Geruch in der Luft. Seit wann duften Ratten eigentlich so verführerisch? Ich nehme Witterung auf und folge der Spur. Seltsamerweise scheint der Geruch stärker zu werden, je näher ich meiner Decke komme.

Ich bemerke, dass die Decke an einer Stelle seltsam ausgebeult ist. Na warte! Jetzt habe ich dich. Ich beobachte den kleinen Hügel, doch unter der Decke rührt sich nichts.

Das ist die Gelegenheit!

Mit einem Satz springe ich auf die Auswölbung der Decke. Das war wohl eine Nummer zu schnell für meinen Gegner. Die Ratte leistet absolut keinen Widerstand. Und sie scheint auch keine besonders starken Knochen zu haben, denn unter meinen Pfoten spüre ich nur noch – Matsch.

Sehr merkwürdig.

Mit meiner linken Pfote hebe ich die Decke kurz an. Sofort strömt mir dieser süßliche Geruch wieder in die Nase. Doch tote Ratte ist hier keine. Nur ein völlig platt gedrücktes Stück von dem selbst gebackenen Kuchen, den Tanja dem Fernsehteam angeboten hat. Und ich erinnere mich daran, dass die Regieassistentin ihren Teller ziemlich schnell aufgegessen hatte. Sie mochte wohl keine Pistazien. Aufgefallen ist das niemandem, denn zu diesem Zeitpunkt waren alle durch die Vase abgelenkt, die ich gerade vom Tisch gestoßen hatte. Als ich dann ins Exil geschickt wurde und Norman meine Decke eingerollt hat, ist ihm wohl nicht aufgefallen, dass sie ein verschmähtes Dessert enthielt.

Ich schnuppere an der Kuchenruine. Riecht gar nicht so übel. Und wer sagt eigentlich, dass Hunde keine Mehlspeisen naschen dürfen? Hundeprofi ist hier sowieso weit und breit keiner. Also guten Appetit, Lionel. Du hast es dir verdient. Immerhin bist du ein Jagdhund, und dieses Stück Kuchen hast du auf der Jagd ehrlich erbeutet.

Also beginne ich genüsslich zu fressen. Doch als ich gerade an einem großen Stück Kuchen mit Marzipan, Mandelsplittern, Pistazien und Schokomasse kaue, nehme ich aus dem Augenwinkel erneut einen Schatten wahr, der immer größer und größer wird und sich zielstrebig auf mich zubewegt.

Dieser gemeine Nager wird doch nicht ...

Ruckartig wirble ich herum. Und sehe mich plötzlich Auge in Auge mit einer wahrlich Furcht erregenden Kreatur, einer Chimäre, halb blond, halb schwarz wie die Nacht. Diese bizarre Erscheinung scheint eine Art Hohepriesterin zu sein, denn sie hat ihre Hände vor der Brust verkreuzt, als wäre sie in eine geheimnisvolle Zeremonie versunken. Vor meinen Augen prangt ein fremdartiges Symbol, bestehend aus einem weißen und einem schwarzen wellenförmigen Gebilde mit je einem Auge, die ineinander verschlungen sind und zusammen eine Scheibe bilden. Auf ihrem Kopf schlängelt sich eine Kobra, die mich aus ihren kalten Augen anstarrt. Ich verschlucke mich fast an meinem Kuchenstück.

Ganz ruhig, Lionel, gaaanz ruhig!

Das kann nur Einbildung sein. Es gibt keine Monster im Keller. Zumindest nicht in Dortmund. Ratten vielleicht, aber keine Frauenmonster.

»Gefällt es dir?«, höre ich eine tiefe Stimme von sehr weit oben. Zögernd hebe ich meinen Kopf.

»Gefällt dir mein Tattoo, Kleiner?«, sagt die große blonde Frau auf den hohen schwarzen Schuhen. »War eine Idee von Dino, meinem Mann. Er hat gesagt, das verleiht mir Persönlichkeit. Und es steht für die Gegensätze. Yin und Yang. Blond und Schwarz. Gut und Böse. Weißt du, in allem auf dieser Welt steckt beides. Es gibt kein reines Gut und kein reines Böse. Tanja hat mir gesagt, dass du ein ganz schön ungezogener Junge bist und dass sie manchmal gar nicht mehr weiß, was sie mit dir machen soll – vor allem jetzt, wo Jona da ist. Aber mit ungezogenen Jungs kenne ich mich aus. Und ich glaube nicht, dass du so einer bist. Dafür hast du viel zu gute Augen.«

Die große Erscheinung macht einen Schritt zurück und geht in die Knie. Ich wende meinen Blick von der Tätowierung auf ihrem linken Bein ab und lasse meinen Blick weiter nach oben schweifen. Nun verstehe ich auch, was zuvor den großen Schatten geworfen und ihr Gesicht verdeckt hat.

»Hallo, Lio. So heißt du doch, oder? Was für ein schöner Name. Mich kennen die Leute als Dolly Buster. Aber für dich bin ich ab heute einfach Nora. Und weißt du was ...?«

Ihre grünen Augen blitzen hinter den tiefschwarzen, dichten Wimpern hervor und werfen mir einen vielsagenden Blick zu. Gleichzeitig spüre ich die sanfte Berührung einer Hand, die mir langsam und bedächtig über meinen immer noch zitternden Kopf streicht.

»Du kannst schon mal deine Sachen packen, mein Kleiner. Denn ich nehme dich heute mit zu mir nach Hause.«

Ich starre Nora ungläubig an. Und plötzlich meine ich, den süßen Geschmack der Freiheit wahrzunehmen. Sie schmeckt nach Pistazien, Marzipan, Mandelsplittern und Schokolade. Zumindest schmeckt so wahrscheinlich auch das letzte Stück Kuchen, mit dem gerade eine große, fette Ratte unter dem »Hutten«-Weinregal verschwindet.

Zweiter Teil

(2013–2015)

Kapitel 13

Weseler Beobachtungen

»Was bist'n du für einer?«

Ein großer weißer Boxer mit einem braunen Fleck rund um sein linkes Auge trottet mir über den weißen Marmorboden entgegen und mustert mich neugierig.

»Gestatten, Sir Lionel of Lydford, adeliger Beagle, zweieinhalb Jahre alt.«

»Noch'n halbes Kind und schon so große Lauscher«, stellt mein Gegenüber fest. »Ich bin jedenfalls Hook, Kleiner, und wenn du es genau wissen willst: unadeliger Boxer, elf Jahre auf'm Buckel. Betonung auf Buckel.«

»Sehr erfreut«, erwidere ich höflich.

Man muss schließlich eine gewisse Etikette wahren. Auch wenn der Gesprächspartner einem gerade am Hinterteil herumschnüffelt.

»Komm mit, Kleiner. Ich zeig dir mal dein neues Zuhause. Ist echt'n Palast. Die große Blonde ist wohl so 'ne Art Königin.«

»Tatsächlich?«

»Klaro. Ich versteh zwar null, was die Menschen so quatschen. Für mich klingt das, was die so von sich geben, mehr nach 'ner Art Bellen als nach 'ner echten Sprache. Aber die Blonde scheint jedenfalls ein ziemlich hohes Tier zu sein unter ihresgleichen.«

Ich beschließe, vorerst für mich zu behalten, dass ich auch menschliche Tiere verstehe, egal ob ranghoch oder nicht. Allerdings klingen einige davon wirklich so, als würden sie bellen. Besonders in einer Region, die man Steiermark nennt. Das weiß ich von Dino, Noras Mann, der in Österreich geboren ist. Er hat mir später erzählt, dass die Steirer es aber nicht gerne hören, wenn man behauptet, sie würden bellen. Einen von den Steirern hat das wohl ziemlich sauer gemacht. Er ist nach Hollywood gegangen und hat in seinen Filmen viele Leute erschossen. Ich glaube, er heißt Arnold.

Mein neues Heim hingegen liegt in Wesel am Niederrhein, weit weg von Hollywood, England oder irgendeinem anderen erstrebenswerten Umfeld. Nach Klärung der Formalitäten mit Tanja und Norman hat mich Dolly – die für mich nur noch Nora sein will – in einer schwarzen Limousine von Dortmund nach Wesel gefahren. Zugegeben, das klingt für einen britischen Adeligen nicht unbedingt nach einer Verbesserung. Und es ist auch keine, denn Wesel grenzt nicht an York oder Cornwall, sondern im Norden an Hamminkeln, im Osten an Hünxe und so ziemlich überall an Verzweiflung. In der ganzen Stadt hat man Esel aufgestellt, als ob es davon in deutschen Gemeinden nicht bereits genug gäbe. Sie sollen die Stadt nach außen repräsentieren. In Wesel ist es also durchaus legitim, einen Esel als Abgeordneten zu bezeichnen und umgekehrt. So wenig glamourös die kleine Stadt am Rhein sich jedoch präsentiert, so sehr bemühen sich Nora und ihr Mann in ihrem Haus um Prunk. Denn wie bei Nora selbst gibt es hier von allem etwas zu viel.

»Willkommen in deiner neuen Welt, Hoheit.«

Hook und ich bewegen uns vom Flur gemächlich in das Wohnzimmer, ziehen vorbei an einer großzügigen, gemusterten Couchlandschaft mit weißem Überwurf und einem Fernseher, auf dem selbst ein Chihuahua, zumindest in Nahaufnahme, wie Godzilla wirken dürfte. Dahinter arbeitet eine überdimensionierte Palme gerade fieberhaft daran, die Decke zu durchstoßen. Mangels Platz hat sie allerdings bereits einen krummeren Buckel als Hook. Nachdem hier so ziemlich alles übertrieben wird, nehme ich jedoch an, dass das Hausdach einfach etwas angehoben wird, falls sie den Durchbruch eines Tages schaffen sollte. Bei der Einrichtung der anderen Raumhälfte hat die Hausbewohner offenbar eine Art Goldrausch gepackt, denn zwischen einem Kamin mit goldenen Applikationen und einem Spiegel im verschnörkelten Goldrahmen befindet sich eine zweite Sitzgruppe, bestehend aus zwei thronartigen Stühlen, einem Sofa, einer liegenden Frau aus Gold, die als Trägerin der Glasplatte des Couchtisches dient, und zwei goldenen Frauentorsos, aus denen ein schwarzer Lampenschirm ragt. Hier kann definitiv niemand behaupten, dass die Damen des Hauses nicht die Hellsten sind. Ich muss bei ihrem Anblick unmittelbar an

Dr. Hammel denken und den Lampenschirm, den er mir verpasst hat.

Brrrr. Nein, da war kein Licht am Ende dieses Tunnels.

Der achtbeinige Besichtigungstrupp biegt nun nach rechts ab, wo eine Essgruppe in Schwarz, Gold und gemustertem Samt alles andere als Understatement beweist. Später habe ich erfahren, dass fast alles hier von einem gewissen Versace ist – auch die Garderobe im Flur, in die ein Spiegel, sehr viel Gold und gefühlte zweieinhalb Leoparden eingearbeitet sind (die andere Hälfte wurde als Leggings wiedergeboren). Diesem Versace, der scheinbar sehr gern mit Gold um sich wirft, geht es selbst allerdings nicht so glänzend. Er ist mittlerweile tot. Und wäre er nicht tot, wäre er heute vermutlich zumindest blind vom vielen Bling Bling.

Um es kurz zu machen: Es gibt noch eine Küche mit einem kleinen Esstisch, die tatsächlich benützt wird. Nora ist eine leidenschaftliche Köchin. Also, zumindest ist sie leidenschaftlich und eine Köchin. Wie den Menschen ihre Gerichte schmecken, kann ich nicht beurteilen. Aber ich habe ja bereits erwähnt, dass ich auf ihre kulinarischen Ideen derzeit nicht gut zu sprechen bin. Schließlich werde ich mit Diätfutter abgespeist wegen der irrigen Annahme, ich sei zu dick. Dennoch scheint Nora ein gewisses Talent zu haben, denn sie hat zwei Restaurants eröffnet, eins in Frankfurt und eins in Dortmund. Und dorthin strömen die Menschen in Scharen. Nora kocht da allerdings auch nicht selbst. Keine Ahnung, ob da ein Zusammenhang besteht.

Aus der Küche gelangt man über zwei Verbindungstüren in den Gästeflügel des Hauses, wo sich die Freunde des Hausherren und der Hausherrin über ein eigenes Schlafzimmer, Bad und Wohnbereich freuen dürfen, sofern es sie nicht stört, dass alle genannten Orte schon als Kulisse für Filme gedient haben, die menschlichen Geschlechtsverkehr aus unmittelbarer Nähe zeigen. Ich glaube, diese Räumlichkeiten sind von einer sterilen Umgebung ungefähr so weit entfernt, wie ich gerade von einer englischen Grafschaft entfernt bin. Direkt vor mir, an der Grenze zwischen den beiden Hausflügeln, befindet sich dafür etwas anderes: ein Schrank, in dem Nora riesige Vorräte von Nahrungsergänzungsmitteln, Arzneien und anderen Mittelchen aufbewahrt. Sie ist nämlich ausgebildete Heilpraktikerin, wie sie mir auf der Fahrt von Dortmund nach Wesel ganz stolz erzählt hat. Das ist zwar kein richtiger Arzt, aber immerhin jemand, der ungefähr weiß, was Gesundheit ist. Und mit dem Inhalt dieses Schranks kann Nora vermutlich die Nahrung von allen Einwohnern Wesels – inklusive der Esel – ergänzen und dabei selbst über 300 Jahre alt werden.

Nora hat mir auf der Fahrt nach Wesel auch erzählt, dass sie derzeit sehr viel malt, weil sie eine Ausstellung vorbereitet. Sie meinte, dass sie sich selbst schon immer als Künstlerin gesehen habe, dass die anderen sie früher aber lieber nackt gesehen hätten. Und dass sie schon immer die Künstlerin in sich gespürt habe – »Ja, klar, und gelegentlich auch noch ein paar andere Dinge«, wie sie lachend hinzufügte. Interessant ist allerdings, dass sie als Künstlerin hauptsächlich nackte Frauen malt. Irgendwer muss bei den Menschen offenbar immer nackt sein, sonst ist es wohl keine Kunst. Es gibt zwar auch unter Hunden ein paar Rassen ohne Fell, allerdings ist mir darunter kein einziger Künstler bekannt. Ich nehme daher an, dass sich das Talent der nackten Hunderassen nicht wesentlich von jenem der anderen unterscheidet. Es besteht im Anfertigen von Aquarellen auf Bäumen. Diese Werke sind allerdings äußerst vergänglich.

Sobald wir zur Tür hereingekommen waren, hat Hook die Hausführung übernommen. Nora hat sich entschuldigt und sich in ihr Atelier begeben. Meistens malt sie zwar nachts, aber heute findet sie das Licht gerade so gut für die Fertigstellung ihres neuesten Werkes. Es ist einer weiblichen Brust wie aus dem Gesicht geschnitten. Kein Wunder, denn mehr als diese weibliche Brust ist darauf nicht zu sehen – egal, ob das Licht nun gut oder schlecht ist.

Ich habe Hook überholt, der auf dem Weg ins Atelier selbst eine kleine künstlerische Pause einlegen muss. Als Nora mich sieht, tut sie es dem weißen Boxer gleich und lässt den Pinsel sinken:

»Na, was sagst du, Lio, gefällt es dir? Das ist Acryl auf Kohle. Ich nenne es ›Sensitiv‹.«

Ich rümpfe die Nase, die ich im Übrigen auch sensitiv nenne. Und der Duft von Acryl gefällt meinem Riechorgan gar nicht gut. Mir wird etwas schwummrig.

»Oh, na klar, nicht gerade Parfüm für deine empfindliche Nase, oder? Warum gehst du nicht mit Hook raus in den Garten und ihr tobt da ein bisschen herum? Es gibt da draußen eine streunende Katze, die Hook gerne quer über die Wiese jagt. Er hat sie aber noch nie erwischt. Die ist ganz schön wendig. Aber du könntest sie vielleicht erwischen, mein kleiner Jagdhund.«

Das klingt spannend. Bis jetzt habe ich noch recht wenig Jagderfahrung. Und eine Katze habe ich sowieso noch nie gejagt. Meine Jagdgesellschaft bestand bis heute ausschließlich aus Norman. Und bei dem befand sich auch nur auf seinen Turnschuhen gelegentlich eine springende Katze. Ich blicke durch die Fensterfront in den großzügigen Garten des Hauses. Hier ist vorerst keine Katze zu sehen. Aber die soll bloß kommen. Nicht umsonst zählen Beagles zu den besten Jagdhunden der Welt.

Hook, der uns diesen Titel vermutlich in diesem Leben nicht mehr streitig machen wird, ist mittlerweile etwas schwer atmend, aber vollzählig im Atelier erschienen und betrachtet neugierig Dollys Werk.

»Von denen da hab ich schon ’ne Menge hier im Haus gesehen.«

»Du meinst Bilder?« Ich sehe mich im Atelier um. In der Tat, hier stehen eine ganze Menge Werke herum.

»Nee, Kleiner. Brüste.«

»Ich sehe aber auch viele Gesichter auf den Bildern.«

»Kein Wunder. Das übt sie an ihrem eigenen. Sie malt ja nicht nur hier. Komm mit nach oben, dann zeig ich’s dir.«

Hook rollt seine Zunge auf Handgepäckgröße zusammen, und wir drehen uns wieder um. Im Erdgeschoss habe ich nun alles gesehen. Wir durchstreifen den Flur, bis wir an eine Treppe gelangen.

»Was ist da unten?«

Mir ist alles recht, denke ich, nur bitte keine Eisenbahn.

»Da unten? Da geht die blonde ...«

»Nora?«

»Ja, Nora. Also, die geht da oft runter und macht irgendwelche Übungen. Ich hab ihr 'n paarmal dabei zugesehen. Manchmal macht sie ihre Übungen aber auch da oben, wo wir jetzt hingehen. Bei denen hab ich ihr auch 'n paarmal zugeguckt. Und die sehen manchmal mindestens genau so anstrengend aus wie die im Keller. Stöhnen tut sie bei beiden, aber da oben zeigt sie selbst mal Brüste – wenn du verstehst, was ich meine.«

»Meinst du Sex?«

»Ja.«

»Wie ist das so?«

Hook hält inne.

»Was willste denn wissen? Also, sie kniet da anfangs oft und nickt so ...«

»Nein, nein, nicht bei Nora. Bei uns!«

»Wie? Sag bloß! Du ... du hast ... noch nie?«

»Nein«, sage ich betrübt.

Ich kann es nicht vergessen. Ich wollte mich aufsparen und meine Unschuld nicht an eine wie Gina-Lala verlieren. Im Nachhinein wäre mir jedoch sogar die recht. Wie sich die Zeiten ändern.

»Verdammte Scheiße! Was ist dir denn passiert?«

»Ach, das war die Idee von einem gewissen Martin, den alle wohl für eine Art Hundeguru halten. Der hat dafür gesorgt, dass sich das mit dem Sex für mich erledigt hat.

Meinen Pflegeeltern ist aufgefallen, dass ich mich immer recht lautstark mit anderen Rüden unterhalten habe. Dabei habe ich gar nichts Schlimmes gesagt. Teilweise habe ich mich erkundigt, ob sie schon einmal in England waren. Einem Rottweiler, der etwas sehr Hässliches über meine Mutter gesagt hat, musste ich allerdings recht deutlich zu verstehen geben, dass ich keine Angst vor ihm habe. Solche Dinge eben. Dann haben sie mich einer notgeilen Labradorhündin namens Gina-Lala vorgestellt und meinten, ich sei hier der Sexprotz und man müsse dringend was dagegen tun.«

»Gina-Lala? Von der hab sogar ich schon mal gehört. Die treibt's mit jedem.«

»Du kennst sie?«

»Nee, nicht persönlich. Aber so'n Fremder auf Besuch hier hat mir von ihr erzählt. Hab ihn nur einmal im Wald getroffen.« Er runzelt seine faltige Stirn und denkt angestrengt nach. »'n Pintscher war's, glaube ich.«

»Sören?«

»Ja, Sören, verdammt, ja, so hieß der Kerl! Aber ich kann dich trösten, der Typ meinte, du hast nichts versäumt. Zumindest nicht bei Gina-Lala.«

Dann dreht er sich zu mir um und wirft mir einen mitfühlenden Blick zu.

»Trotzdem ganz schön beschissen, was sie dir angetan haben. Muss furchtbar sein, kein ganzer Kerl mehr zu sein. Aber ich verspreche dir: Wenn sich hier irgendeiner an dir vergreift, dann hau ich ihm volle Kanne eins auf die Schnauze. Wozu bin ich sonst Boxer?«

Verlegen bleibe ich kurz vor der letzten Stufe auf der Treppe stehen. So etwas Nettes hat noch nie jemand zu mir gesagt. Ich beginne, diesen schwerfälligen, aber gutmütigen Kerl zu mögen. Ich wage zwar zu bezweifeln, dass er noch viele Kämpfe gewinnt, wenn es hart auf hart geht, aber er hat das Herz am rechten Fleck. Und nicht nur das Herz, sondern auch ein komplettes Set Genitalien, wie ich unschwer erkennen kann.

»Aber jetzt zeige ich dir erst mal den Trinkbrunnen im Obergeschoss. Komm mit, Kumpel.«

Wortlos sehe ich meinem neuen Freund nach, wie er die letzten Stufen erklimmt und sich zielstrebig auf eine offene Tür zubewegt.

Es sollte nicht das einzige Augenpaar sein, das in diesem Moment auf einen Hund gerichtet ist. Ich selbst meine ebenfalls einen durchdringenden Blick auf mir zu spüren. Doch als ich den Kopf blitzartig zur Seite drehe, kann ich nichts mehr entdecken. Für den Bruchteil einer Sekunde scheint es mir dennoch, als wären dort am Fenster ein Paar gelbliche Augen gewesen.

Doch nun sind sie verschwunden, auf ebenso leisen Pfoten, wie sie sich zuvor angeschlichen hatten.

Kapitel 14

Beagles auf Acryl

Natürlich befindet sich im Obergeschoss kein Trinkbrunnen für Hunde, sondern nur eine formschöne Toilette, ebenfalls von Versace, das sieht mittlerweile sogar ein Hund. Zumindest ein Hund wie ich. Aber der gutmütige Hook soll ruhig weiterhin glauben, dass das ausladende Badezimmer im Versace-Design eine Art Wasser-Erlebnispark für ihn ist. Gleich nebenan liegt Noras Schlafgemach, in das ebenfalls Tierfelldrucke Einzug gehalten haben. Außerdem finden sich im Bett diverse Kopfkissen mit Tigern – für den Fall, dass gerade kein anderer greifbar ist, wenn sie ihre »Übungen« macht.

Und dann wäre da noch ihr Schminktisch. Wobei, wenn ich ehrlich bin, ein Tisch kaum noch wahrzunehmen ist unter der beeindruckenden Skyline aus Flaschen, Tuben und Tiegeln. Sollte es jemals zu einem neuerlichen Krieg zwischen den Menschen kommen, könnte Nora sich jahrelang in ihrem Haus verbarrikadieren und wäre immer noch perfekt geschminkt. Langsam frage ich mich, ob sie da irgendeine böse Vorahnung hat. Ich entdecke eine Fliege, die sich in Ermangelung eines ebenerdigen Landeplatzes auf der Spitze eines Nagellacks niedergelassen hat. Sie muss sich fühlen wie King Kong.

»Da sitzt sie ganz schön oft«, erzählt Hook. Er meint natürlich Nora, nicht die Fliege. Und er deutet mit dem Kopf auf den geschwungenen Stuhl aus Kunstleder vor Make-up-City. »Aber wer eine Malerin sein will, muss wohl mit seinem Gesicht anfangen.«

Bei Tanja und Norman gab es weit weniger Auswahl im Badezimmer. Tanja bevorzugt generell etwas weniger Make-up. Und die meisten Haarfestiger gehörten sowieso Norman.

»Viele menschliche Frauen denken eben, dass sie besser aussehen, wenn sie ihr Gesicht übermalen. Ich weiß auch nicht, woran das liegt. Vielleicht schämen sie sich dafür.«

»Verrückte Welt, oder? Aber da unten, zwei Stockwerke tiefer, gibt es noch viel verrücktere Sachen. Ich zeig sie dir mal.«

Gesagt, getan. Natürlich nicht sofort, sondern in gemütlichem Tempo und nach einem kräftigen Schluck aus dem Trinkbrunnen.

»Echt gruselig, oder? Da legt man sich rein, ein gleißendes Licht geht an, und dann liegt man einfach regungslos da, als wäre man tot. Und wenn man rauskommt, hat man einen hellen Fleck auf dem Hintern und auf den Schulterblättern.«

Immerhin hat Hook sofort erkannt, dass sich auch Menschen gerne brandmarken lassen. Auch wenn es nur von diesem Gerät ist: einem Solarium. Trotzdem finde ich es gut, dass Hook nicht gerne in ein gleißendes Licht geht. Das soll ruhig noch eine Weile so bleiben.

»Und dort hinten, dort läuft sie rum und kommt nicht vom Fleck. Und dann gibt es noch dieses Ding hier, mit dem sie Stufen steigen kann und auch nicht vom Fleck kommt. Wie wenn es hier im Haus keine Treppe gäbe. Menschen tun echt komische Dinge.«

Wir befinden uns im persönlichen Fitnessraum von Nora. Nicht einmal zum Laufen, Rudern oder Sonnen muss sie demnach einen Fuß vor die Tür setzen. Für den Fall eines Krieges wäre sie also auch noch perfekt durchtrainiert. Es muss anstrengend sein, diese Kunstfigur Dolly Buster am Leben zu erhalten. Sonst würde Nora nicht so viel Zeit in sie investieren.

Der Hausherr selbst scheint es da etwas gemächlicher anzugehen. Gleich neben der Fitnesskammer befindet sich ein Ort, an dem ich ihn eher vermute: eine Bar. Und wenn ich mir ansehe, was da so für Geräte stehen, dann kann man froh sein, wenn man nach dem halben Programm noch drei zusammenhängende Sätze formulieren kann. Ich entdecke eine Flasche mit einem breitkrempigen Hut auf dem Verschluss. Sofort stelle ich fest, dass ich Sodbrennen habe. Ein gewisser Professor Pavlov hat bei seinen Hunden durch die Verknüpfung eines Glockensignals mit der Verabreichung von Futter den Speichelfluss am Ende bereits allein durch den Ton angeregt. Er nannte dieses

Phänomen »klassische Konditionierung«. Ich brauche nur einen roten Plastikhut zu sehen und schon bekomme ich Sodbrennen. Pavlov hätte seine Freude an mir gehabt. Ich nenne dieses Phänomen »klassische Alkoholisierung«.

»In diesem Haus gibt es ja jede Menge Möglichkeiten, sich zu beschäftigen. Gehen die Bewohner denn überhaupt mal raus?«, frage ich mit einer gewissen Skepsis.

Hook zeigt sich amüsiert und springt auf das Laufband.

»Klar, was denkst du denn? Dass ich mich hier raufstelle und nur so tue, als würde ich Gassi gehen. Nee, danke, das ist doch nix für Hunde. Sollen doch die Menschen gehen, ohne sich von der Stelle zu bewegen. Wir gehen immer noch raus.«

»Vielleicht fragen sie sich ja deshalb so gerne, wohin sie gehen und woher sie kommen. Weil sie so gerne auf der Stelle treten.«

Gerade als ich überlegen will, ob der schwule Hamster Hape weiß, dass auch Menschen gerne in Hamsterrädern laufen, höre ich Nora von oben nach uns rufen.

»Wir gehen jedenfalls mal dorthin, wo wir hergekommen sind«, schlage ich vor.

»Jupp! Und nehmen die echten Stiegen dazu.«

Hook springt vom Laufband und bewegt sich in Richtung Treppe.

»Alter vor Schönheit«, bemühe ich mich um Höflichkeit. »Und danke für die Führung durch dein Wunderland.«

Irgendwie beneide ich Hook darum, dass er die Menschen nicht versteht, sondern sie nur als bellende Wesen wahrnimmt. Er bemüht sich auch gar nicht, ihre Spleens und ihre Verzweiflung zu hinterfragen. Ich muss an Herrn Brösigke denken, der vom Leben da draußen nur Bahnhof versteht (meistens Bahnhof Mühlheim). Und an Petra, die garantiert auch einen Fleck an Hintern und Schultern hat, auch wenn er nur vom allerallerleichtesten Gerät stammt. Und ihren Rogerio, der noch nicht einmal Bahnhof Mühlheim versteht. Ich denke an Martin, der so viele Kinder hat, dass er mir keine Welpen gönnt. Ich habe so viele Menschen auf meinen Wegen gesehen, die mit sich selbst Probleme haben. Und dann ist da dieser große weiße Boxer mit seinen treuherzigen Augen. Und wenn er die Kloschüssel für seinen ganz persönlichen Trinkbrunnen hält, dann soll er das ruhig. Wer bin ich, ihm nach elf Jahren diese Illusion zu rauben? Nein, die soll er ruhig mit ins Grab nehmen ...

Eine halbe Stunde später stehe ich am Grab eines weißen Boxers. Gottlob ist es nicht Hook, der uns verlassen hat.

»Mike war mein allerbester Kumpel«, seufzt Hook.

Ich blicke auf die liebevoll angelegte Grabstätte, die ein schlichter Grabstein mit einem Foto ziert, auf dem »Mike« steht. Hier, unweit der Firma »DBM-Video«, die Nora und ihrem Mann Dino gehört, haben die beiden ihre verstorbenen Hunde zur letzten Ruhe gebettet, mit gravierten Grabsteinen und Fotos, als würden sie zur Familie gehören. Nora hat uns hierhergefahren und uns ein bisschen herumlaufen lassen, damit ich die Gegend erkunden kann. Als wir ankamen, klingelte ihr Telefon, und so hat mich Hook hierhergeführt. Es ist ein schöner Ort, inmitten einer kleinen Baumgruppe, gleich neben einem kleinen Teich, gerade so, als wäre hier eine Kultstätte für heilige Hunde. Ich fühle eine gewisse Magie von diesem Ort ausgehen. Allerdings fühle ich mich auch schon wieder beobachtet. Ich blicke mich um. Nichts regt sich, ich höre nur das leise Rascheln der Blätter. Seltsam.

»Und da drüben, da liegt Benny. Wir drei waren echt ’n super Team.« Hook lässt betrübt den Kopf sinken. »Ist schon lang her, dass die beiden weg sind. Erst Benny, dann auch noch Mike. Ich vermisse sie.«

»Jetzt bin ich doch da.«

Ich spüre, dass der alte Junge mich braucht. Es wäre schön, einen echten Freund zu haben. Und dieser weiße Boxer hat einfach das Herz am rechten Fleck – habe ich das bereits erwähnt?

»Wir sind jetzt eine Meute aus Boxer und Beagle. Das ist doch auch ein unschlagbares Team.«

Hook grinst verstohlen.

»Stimmt, ja. Dabei könntest du hier sogar eine Meute aus Artgenossen haben.«

»Ehrlich? Es gibt Beagles hier? Ich meine ... lebende?«

»Jupp, zwei. Oskar und Emma. Aber ich muss dich warnen. Die sind ’n bisschen, na ja, speziell.«

»Wo sind sie?«

»Komm mit.«

Als wir zurück zum Parkplatz gehen, steht Nora noch immer telefonierend neben ihrem Auto.

»Bist du Panne oder was?«, fragt Nora ihren Gesprächspartner gerade (und nicht etwa das Auto, auch wenn das bei dieser seltsamen Formulierung recht naheliegend wäre). »Olivia, ich sag dir, der Typ geht gar nicht ... Nee, nee, lass da bloß die Finger von ... Das ist doch wieder nur so ein verkappter Hetero ... Der sucht verzweifelt eine Frau ... Ja, Olivia, ist ja gut, ich weiß, dass du eine Frau bist. Mit Sonderausstattung eben ... Weißt du was? Komm mich doch einfach demnächst mal besuchen. Ich kümmere mich um Edgar. Ich hab mir nämlich einen Neuen zugelegt ... Nee, nicht was du denkst. Einen Hund. Ja, den von Tanja ... Nee, das war nicht der Hauptpreis, ich habe ja außerdem auch noch ein neues Outfit. Ich war wieder in meinem Stammladen einkaufen, du wirst es sehen. Mit dieser russischen Verkäuferin und ihrem Mops. Ich glaube, er heißt Ivan. Sie hat in der Sendung jedenfalls gesagt: ›Iach würde ahles herrgeben aaußer Mjops‹, in ihrem Wolga-Akzent. Der Mops hat nur geröchelt, aber ich glaube, es war ein liebevolles Röcheln ... Was sollen die armen Viecher denn auch machen? Sind ja so lange gezüchtet worden, bis ihre Nasenlöcher direkt unter den Augen waren. Jetzt sehen ihre Gesichter aus, als würden Möpse den ganzen Tag nur an Schaufenstern kleben. Kein Wunder also, dass gerade Verkäufer diese Rasse so lieben. Aah ... meine beiden Jungs sind zurück von ihrem Ausflug ... Wie? Nee, nicht die. Die sind doch angewachsen. Ich meine doch meine zwei Vierbeiner. Ja, klar, richte ich ihnen aus. Tschüss.«

Nora beendet ihr Telefongespräch und kniet sich hin. Sie tätschelt unsere Köpfe.

»Liebe Grüße von meiner Busenfreundin Olivia aus Hamburg. Die kennst du ja schon, Hook. Und du wirst sie auch bald kennenlernen, Lio«, grinst Nora mich an. »Aber ich muss dich warnen. Sie ist ein bisschen, na ja, speziell.«

Die Wahrheit ist: Hundebesitzer werden ihren Hunden mit der Zeit offenbar immer ähnlicher und nicht umgekehrt. Für Hook mag es vielleicht wie ein Bellen geklungen haben, aber Nora hat über Olivia soeben haargenau dasselbe gesagt wie er über Oskar und Emma. Abgesehen davon scheint in Noras Umfeld offenbar jeder irgendwie »speziell« zu sein, was auch immer damit gemeint ist.

Wir betreten die Räumlichkeiten der Firma DBM-Entertainment. Kaum zu glauben, dass sich in dieser idyllischen Landschaft mitten im Nirgendwo die Zentrale eines auf pornografische Inhalte spezialisierten Unternehmens befindet. In der Eingangshalle empfängt uns – niemand. Hier stehen nur zwei kopulierende Cybermenschen und viele kleinere Statuen in Form eines goldenen Frauentorsos. »Venus Awards«, wie Nora (jetzt wieder ganz Dolly) erklärt, verliehen für hervorragende Leistungen auf ihrem Fachgebiet. »Mit Betonung auf hervorragend, nicht auf Leistung«, wie sie schmunzelnd hinzufügt. Im geräumigen Büro erwarten uns dann überraschenderweise gefühlte 27 Mitarbeiter, allerdings nur zwei davon aus Fleisch und Blut – die »Seelen der Firma«, wie Nora sie nennt. Die anderen sind mehr oder minder große Teddybären, die auf einer Couch aus weißem Kunstleder Platz gefunden haben und hoffentlich weder Seelen haben noch Gehalt beziehen. Auch hier sind ein paar Palmen übrigens damit beschäftigt, an der Decke zu kratzen. Bei allem gelebten Hang zur

Übertreibung haben Nora und Dino die Größe von Palmen offenbar immer etwas unterschätzt.

Da stehe ich also, mitten in der Hochburg menschlicher Fleischeslust, wedle mit dem Schwanz und bin dabei dennoch völlig unschuldig. Es gibt wenige, die das von sich behaupten können. Ich sehe mich um. Überall hängen Poster der jungen Dolly Buster in der einen oder anderen Führungsposition. Die aktuelle Dolly/Nora führt mich höchstpersönlich herum, zeigt mir Dinos geräumiges Büro, die Grafikabteilung, die sich sogar ansprechende Designs für Filme mit den Schlüters ausdenken muss, das »Studio Wien«, aus dem mitten in Wesel Erotiksendungen ausgestrahlt wurden (»weil das Internet eben doch nicht immer weiß, wo man ist«), und schließlich das riesige Lager mit unzähligen Filmen, wo jede Menge Freunde der Schlüters auf DVD-Covern zu bestaunen sind und natürlich Dolly selbst in ihren frühen Jahren, als sie noch sehr bodenständige Kunstformen ausgeübt hat (sprich: als sie ihre Kunst fast ständig am Boden ausgeübt hat).

»Tja, das hier ist meine Firma. Nicht so spannend für dich, mein Kleiner, oder? Aber sie zahlt immerhin dein Hundefutter.«

Und Nahrungsergänzungsmittel. Und Nagellack. Und Versace-Trinkbrunnen für Hook.

»Schon irre, oder?«, meldet sich Letzterer. »Dass die Menschen sich andere Leute beim Sex anschauen und dafür sogar Geld bezahlen. Ich hab zu Hause gesehen, wie die das gemacht haben.« Er schüttelt denn Kopf. »Du hast nichts versäumt, ehrlich. Kein Hund will so was sehen.«

»Wie beruhigend«, entgegne ich. »Dann stört es mich gleich noch weniger, dass meine Hoden noch in Dortmund sind.«

»Und jetzt stelle ich dir mal deine neuen Freunde vor«, verkündet Nora mit funkelnden Augen. »Kann mir vorstellen, dass das eher dein Ding ist.«

Sie führt uns in einen kleinen Raum, in dem weitere Dolly-Buster-Devotionalien in einer Vitrine zu bestaunen sind und wo befremdlicherweise drei weitere mannsgroße Teddybären an einem Konferenztisch sitzen. Ich wusste nicht, dass Stofftiere in der Pornoindustrie so wichtige Entscheidungsträger sind, bei DBM-Video ist ihre Quote jedenfalls erstaunlich hoch. Offenbar möchte man nicht nur sexuelle Inhalte vermitteln, sondern auch was zum Kuscheln haben.

»Überraschung!«, ruft Nora, als sie eine weitere Verbindungstüre öffnet.

Auf der anderen Seite flanieren zwei Tan White Beagles, eine schmale junge Hündin und ein etwas stattlicherer Rüde.

»Sag Hallo zu Oskar und Emma.«

»Hallo«, tue ich wie geheißen.

»Aber noch halloer! Hundertmal halloer«, murmelt Oskar etwas fahrig.

In der Luft liegt ein Hauch von Acryl und Unverständnis. Die Beagle-Dame hat offenbar meinen verwunderten Blick bemerkt.

»Nicht wundern, Schatz, der Junge hier atmet sehr gerne etwas zu tief ein. Ich meine, ich zieh ja auch gerne mal einen durch, aber unser Oskar hier steigert dann so ziemlich alles – auch Dinge, die man gar nicht steigern kann. Man gewöhnt sich daran. Immerhin ist er auch der ältere von uns, aber da passt die Steigerungsform wenigstens. Ich bin übrigens Emma.«

»Nicht wahr, nicht wahr«, erwidert Oskar etwas beleidigt und versucht, das auch seinem Schwanz klarzumachen, den er gerade zielstrebig verfolgt. »Nichts steigere ich! Gar nichts. Nichts, nichtser, am nichtsesten!«

»Oskar? Hmmm ... Ist das die Steigerungsform von Osk?«, frage ich amüsiert. Ich sehe rüber zu Hook, der auch verschmitzt grinst. Die beiden sind speziell, hat er gesagt. Oskar ist wohl der speziellere. Das wird ihm gefallen. Wieder eine Steigerungsform.

»Ich bin Lionel. Aber meinen Namen steigert so gut wie niemand. Im Gegenteil: Die Leute kürzen ihn meistens ab. Auf Lio.«

Eine dunkelhaarige junge Dame kommt uns mit wippenden Schritten entgegen. Sie trägt einen weißen Kittel und ein breites Lächeln im Gesicht.

»Hi, Nora, Schatz, ach, du hast jetzt auch einen?«, kiekst sie. »So 'n feiner, süßer Kerl. Na, das wird die Freude von meinen beiden Lieblingen ja tierisch steigern.«

Bingo. Wobei es bei Oskar keine allzu schwere Aufgabe ist, irgendwas zu steigern. Das geht auch ohne mich.

»Ja, das ist mein Lio. Den hab ich vom Dreh mitgebracht. War ursprünglich Tanjas und Normans Hund, aber der hat sie in letzter Zeit ein bisschen zu viel auf Trab gehalten.«

»Na, Hook, na, Hook? Noch alles senkrechter?«, wendet sich Oskar kumpelhaft an Hook und rempelt ihn übermütig an, wobei er allerdings selbst etwas ins Taumeln gerät.

»Klar, Oski. Alles im Lot. Und selbst? Was gibt's Neues an der Jagdfront, Oski? Haste das Kaninchen endlich erwischt, das du da draußen rumturnen gesehen hast und von dem du mir neulich erzählt hast?«

»Hab ich! Hab ich! Jawohljaja!«

»Hat er tatsächlich, Schatz«, flüstert Emma mir zu. »Allerdings nachdem es beim letzten Regen unglücklich ausgerutscht und im Weiher ertrunken ist. Außerdem rühmt er sich, dass er einmal ein Reh erbeutet hat. Dabei ist es von einem Autofahrer im Nebel angefahren worden. Oskar nennt so etwas einen unerwarteten Jagdunfall, meint aber, das zählt trotzdem.«

»Das zählt! Das zählt! Toter geht nicht. Und Oskar ist ein größerer Jägerer!«

Dort, am Weiher, unweit der ewigen Jagdgründe von Mike und Benny, hat der Tod sich also auch ein Kaninchen geholt. Mit oder ohne Beihilfe von Oskar. Zur Feier dieser glücklichen Fügung führt der exaltierte Rüde nun eine Art rituellen Totentanz für uns alle auf. Er ist offenbar nicht nur ein großer Jäger, sondern auch ein großer Tänzer. Und ein noch größerer Tänzerer.

»Sagt mal, Leute, was ist denn das eigentlich für ein Laden hier?«, frage ich neugierig.

Ich blicke mich um und suche nach Hinweisen. Im Gegensatz zu Noras Einrichtungsstil wirkt hier alles etwas spartanisch. Statt schwerer Schwarz- und Goldtöne dominiert schlichtes Weiß. Alles ist sehr sauber, fast schon steril. Es riecht streng nach Acryl, die Dame trägt einen Kittel, aber nirgends stehen irgendwelche Bilder. Wie eine Malerin sieht die junge Frau außerdem nicht aus. Wobei ich zugeben muss, dass ich nicht weiß, wie Malerinnen normalerweise aussehen. Ich kenne nur Nora. Aber die trägt keinen weißen Kittel. Und ich denke nicht besonders gern an jenen Menschen, den ich zuletzt in einem weißen Kittel gesehen habe: Dr. Botho Hammel. Mir läuft ein kalter Schauer den Rücken herunter. Diese beiden Beagles wirken mehr als durchgeknallt. Ob man hier irgendwelche medizinischen Experimente an Hunden macht?

Eine Weile antwortet niemand. Oskar hat vorerst aufgehört, seinen Schwanz zu jagen, Hook grinst verstohlen, und Emma mustert überraschenderweise meine Vorderpfoten.

»Um Himmels willen, Lio!«, ruft die Beagle-Dame dann entrüstet aus. Und dann fügt sie allen Ernstes hinzu:

»Schatz, wer in aller Welt macht dir denn die Nägel?«

Kapitel 15

Auffällige und unauffällige Besucher

»Schatz, wer in aller Welt macht dir denn die Nägel?«

Nein, ich wiederhole mich nicht. Es stimmt schon, dass Emma, die Beagle-Dame aus dem Nagelstudio neben Dollys Pornoimperium, mich das gefragt hat. Spätestens seit diesen Worten ist mir klar, dass Beagles intensiven Acrylgeruch dringend meiden sollten. Sonst benehmen sie sich so seltsam wie Emma, wenn nicht sogar seltsamer, wie Oskar. Ich weiß noch nicht genau, was ich von den beiden halten soll. Sie sind vielleicht schräg, aber immerhin Artgenossen, auch wenn sie vermutlich nicht viel Staatstragendes von sich geben und ihr Blut höchstens blau wird, wenn sie etwas »Essie mezmerized No. 93« dazumischen – aus dem Flakon, das ich auf einem der Regale in einem Behandlungszimmer gesehen habe. Oskar und Emma haben ein bisschen über Nägel geredet und mir versichert, dass zarte blasslila Töne diese Saison absolut angesagt wären und außerdem gut zu meinen Augen passen würden. Auf meine Frage, warum, meinte Oskar lakonisch: »Weil du zwei davon hast, jawohljaja.« Ein überzeugendes Argument, wenn man den ganzen Tag Acryl schnüffelt.

Und tatsächlich sollte ich noch in derselben Saison blasslila Nägel sehen. Ob sie allerdings zu den Augen ihrer Trägerin passen, kann ich noch nicht erkennen, denn die sind noch sehr, sehr weit entfernt. Aber ich nehme mal stark an, es sind auch zwei, jawohljaja.

An diesem kalten Spätherbsttag ist es Nora, die diesen Satz gesagt hat – zu ihrem Gast, der mindestens auch so speziell ist wie Emma und Oskar. Nicht nur wegen der blasslila Nägel.

Offenbar hat auch die Person, die da etwas gebückt im Türrahmen steht, sehr wenig ebenderdige Fliegenlandeplätze auf ihrem Schminktisch. Denn sie trägt eine Art Kriegsbemalung unter ihrer üppigen blonden Mähne. Noch beeindruckender sind allerdings die Körpermaße unserer Besucherin. Ich schätze sie auf knapp drei Meter mit Schuhen und zwei Meter fünfzig ohne.

»Ach, Süße, man gönnt sich ja sonst nichts«, meldet sich eine Stimme von oben, die in der Tonhöhe noch einen Deut unter jener von Nora liegt. »Muddi kann ja auch nicht mehr ständig in Kakerlagerfeld rumlaufen, oder? Gelegentlich zupfe ich noch den einen oder anderen Mehlwurm aus meinen Zahnzwischenräumen, aber es werden schon deutlich weniger. Dafür schwöre ich dir: Ich habe seit Australien keinen tierischen Penis mehr im Mund gehabt. Und wenn, dann hab ich zumindest nicht abgebissen.«

Schallendes Gelächter, Umarmung.

»Ich freue mich, dass du da bist, Olivia. Hattest du denn eine gute Fahrt?«

»Ooch ja, ich hab ab Bremen ein bisschen Schönheitsschlaf gehalten, hab aber schon in der Nähe von Osnabrück gemerkt, dass ich mir das gar nicht erlauben kann, weil ich ja selbst fahre.«

Olivia mustert mich neugierig.

»Soso, das ist also dein Neuer? Hast recht. Dino ist ja jetzt auch schon knappe siebzig, da kann man sich ruhig mal 'nen Jüngeren nehmen.«

»Du bist so bekloppt. Lio ist knappe drei Jahre alt.«

»Na, det wär mir dann doch 'n bisschen zu jung. Aber hallo, kleiner Mann. Du bist in guten Händen. Lass dir das ruhig von mir sagen. Außer mir achtet bei Nora ja sowieso niemand auf die Hände.«

Die schlanke Gestalt, auf deren Hände Nora mindestens genauso achtet, beugt sich zu mir herunter und tätschelt mir den Kopf. Ein Paar freundliche Augen blickt mich an. Und die blasslila Nägel passen tatsächlich perfekt dazu.

Aber habe ich da draußen im Gebüsch nicht gerade wieder zwei weitere aufblitzen gesehen? Zwei geheimnisvoll gelbliche Augen mit stechendem Blick? Ich blinzle und schaue suchend zwischen Olivias Beinen durch. Aber ich kann nichts entdecken. War wohl Einbildung.

»Und da ist ja der gute Captain Hook. Na, alles gut bei dir, alter Seemann? Ach Gottchen, du siehst echt immer mehr aus wie Hans Albers in der Hundeversion. Man sollte dir eine Ziehharmonika geben, und dann trittste in einem von meinen Clubs am Kiez auf.«

Hook wedelt mit dem Schwanz. Ich weiß zwar nicht, wer Hans Albers ist, aber ich nehme stark an, Hook auch nicht. Und er hat ja sowieso kein Wort verstanden. Er blickt mich nur fröhlich an, als würde er mit seinen Blicken sagen wollen: »Nur keine falsche Scheu, diese Olivia ist schon okay.«

»Komm mal rein – und ich frag mal lieber nicht, ob du Gepäck hast.«

»Ach, Schatz, seit dem Dschungelcamp bin ich recht genügsam geworden. Ich verreise nur noch mit leichtem Gepäck. Ein einziger Schrankkoffer, das war's schon. Und das für volle 36 Stunden. Wäre früher undenkbar gewesen.«

»Komm mit auf die Couch, ich hol uns was zu trinken. Wein?«

»Ach, hast du noch einen von den Weinen, für die du die Etiketten gemalt hast? Die mag ich. Besonders den einen, wo nur der Hintern drauf ist. Das macht mal so richtig Appetit auf den Inhalt.«

»Der Hintern gehört aber einer Frau, Olivia.«

»Na und? Der kann ja auch eine feine Note im Abgang haben. Vertrau mir, ich bin da fast schon Sommelière.«

Wieder müssen die beiden herzhaft lachen. Olivia und Nora scheinen tatsächlich die besten Freundinnen zu sein. Und auch ich mag diese Olivia, besonders jetzt, wo ich erfahren durfte, dass es offenbar auch Menschen gibt, die gerne Hinterteile beschnuppern. Wie das bei ihrer Größe technisch ablaufen soll, weiß ich allerdings nicht. Es wirkt vermutlich ebenso eigenartig, wie wenn eine Dogge einen Dackel besteigen will.

Nora schnappt sich eine Flasche Wein vom Regal und zwei Gläser, dann bewegt sich der Tross aus zwei extravaganten Damen und zwei ungleichen Hunden in Richtung Wohnzimmer.

»Was tut sich denn am Kiez?«, fragt Nora, als sie sich auf der weißen Couch niedergelassen hat.

»Ach, da geht alles seinen gewohnten Lauf. Im Keese war neulich wieder irgend so ein unsäglicher VIP-Event. Und der rote Teppich hat wieder mal die Hälfte von Udos Stern auf der Straße verdeckt. Da konnte man dann nur noch »denberg« lesen. Du weißt doch, wie stolz Udo auf seinen Stern ist. Der hat das gesehen und vor Schreck eine ganze Flasche auf ex geleert. Allerdings hat er vor lauter Panik mal keinen Sprit, sondern nur Mineralwasser erwischt. Ich glaube, die mussten ihm den Magen auspumpen. Und bei dir?«

»Na ja, Lio ist jetzt da.«

»Das war vorher Tanjas und Normans Hund, oder? War der nicht total bockig? Ich kenn den aus der Sendung mit dem Martin.«

»Du guckst das?«

»Klar. Ich bin doch eine Tierfreundin, ich mag also alle Lebewesen – mit ein paar Ausnahmen, die man in freier Wildbahn vor allem an Gratisbuffets trifft.«

»Tja, leider hat der Martin dafür gesorgt, dass unser kleiner Lio hier nur noch ein halber Mann ist.«

»Nee, oder? Ach wie schade. Aber ein halber Mann zu sein ist nicht weiter schlimm, Kleiner. Ich kenn das.«

»Ja, nur dass Lio sich keinen Fummel anziehen kann.«

»Sagst du, ich bleib doch noch bis morgen. Aus dem machen wir 'ne tolle Hundetranse. Aber ernsthaft jetzt – hat der Martin echt geraten zu …?«

Olivia schlägt ihre Beine übereinander und deutet mit den Händen eine Schere an. Ich zucke zusammen. Nora nickt.

»Ja, leider, schnipp-schnapp.«

Olivia sieht mich mitleidig an und krault mir den Kopf.

»Och nee, wie bitter. Der arme Kleine, echt jetzt.«

Beide nehmen einen Schluck aus ihrem Weinglas und schweigen eine Weile lang. Ich sehe rüber zu Hook.

»Die scheint mich zu mögen«, flüstere ich ihm zu. »Im Gegensatz zu den meisten Menschen zeigt die echt mal Mitgefühl für meine missliche Lage.«

»Kann ich verstehen«, grinst Hook. »Liegt wohl daran, dass unser hoher Besuch hier genau das zu viel hat, was dir fehlt, Kleiner.«

»Wie meinst du das?«, frage ich etwas irritiert.

»Na, deine Kronjuwelen, Hoheit! Die schrille Dame da is' 'n Kerl! Ich hab's selbst gesehen.«

Ich glaube, meine Kinnlade ist gerade näher zu Noras Fitnessraum im Keller geklappt. Lernt man hier denn nur schräge Vögel kennen? Nach den zwei »speziellen« Beagles Oskar und Emma treffe ich jetzt also auf einen hünenhaften Herrn, der sich als Dame verkleidet und Olivia nennt – obwohl er gar nicht kastriert ist. Mag ja sein, dass man sich nicht ganz so männlich fühlt, wenn Dr. Botho Hammel mal mit einem fertig ist, aber so ganz ohne Grund? Was treibt Menschen dazu an, sich hinter Tonnen von Make-up zu verschanzen und ihr wahres Gesicht zu verstecken? Warum müssen sie ihre Nägel anstreichen, künstliche Busen oder falsche Haare tragen? Möchten die Menschen vielleicht auch mich und meine Persönlichkeit verändern, weil sie selbst stets jemand anderer sein möchten? Leben sie das dann an mir aus, weil nicht jeder, so wie Olivia, selbst in eine andere Rolle schlüpfen will?

Durch die leicht geöffnete Terrassentür fixiere ich irgendeinen dunklen Punkt unweit der steinernen Statuen auf der Anhöhe in Noras Garten. In meinem Gehirn rattert es, während ich über die Beweggründe dieser unergründlichen Spezies Mensch sinniere. Zwischendurch ertappe ich mich aber auch wieder dabei, wie ich ebenso fieberhaft hinterfrage, ob Hamster Hape, der bei Dr. Hammel an der Wand hängt, jemals eine Frau sein wollte. Ich glaube allerdings nicht. Blasslila steht ihm nicht. Es passt nicht zu seinen Augen.

Und während ich so vor mich hin philosophiere, bemerke ich gar nicht, dass sich der dunkle Punkt am anderen Ende des Gartens, auf einer Anhöhe unweit der steinernen Buddha-Statuen, langsam in Bewegung gesetzt hat.

Kapitel 16

Jagdinstinkte

»Katzenalarm! Katzenalarm!«, reißt mich Hook ziemlich unsanft aus meinen Gedanken.

Sofort erwacht der Jagdhund in mir. Da ist sie also. Die Katze. Das Feindbild. Zeit für den großen Showdown.

»Hol sie dir«, brüllt Hook. »Jetzt kannst du mal zeigen, was du drauf hast, Kleiner!«

Meine erste richtige Jagd kann beginnen. Wie von der Tarantel gestochen, flitze ich durch den schmalen Spalt zwischen den Terrassentüren. Zumindest hatte ich das vor. Eigentlich muss ich mich erst mühsam durchzwängen, bevor ich losflitzen kann, denn der Spalt erweist sich doch als recht eng.

Olivia und Nora fahren zunächst erschrocken hoch, doch dann bemerkt auch Nora den Grund meiner plötzlichen Aufregung und schenkt sich und Olivia zur Beruhigung noch ein Glas Rotwein ein, während sie irgendetwas vor sich hin murmelt, das wie »Lio könnte echt ein bisschen abnehmen« klingt.

Ich haste schnurstracks auf den Hügel zu, wo die zwei steinernen Statuen über den Garten wachen – die Buddha-Figuren stehen da, wie ich später erfahre, da Nora praktizierende Buddhistin ist, wenn sie nicht gerade Rotwein trinkt. Aber hier ist keine Zeit für inneren Frieden und auch keine für Meditation. Es gilt, den hinterhältigsten aller Feinde zu besiegen.

Die besagte pechschwarze Gestalt ist nach einigen flinken Sätzen mittlerweile sicher auf der Wiese angekommen und rennt auf die gegenüberliegende Steinmauer zu.

»Sie will über die Mauer da vorne entkommen«, ruft mir Hook zu, der seinen Kopf durch die Terrassentür gesteckt hat. »Schneid ihr den Weg ab! Du kannst vor ihr dort sein!«

Als hätte sie Hooks Tipp gehört, verlangsamt die Katze ihr Tempo, macht eine schnelle Kehrtwendung und springt stattdessen auf eine der drei leicht erhöhten Garteninseln voller weißer Kieselsteine, die sich auf der Wiese vor Noras Haus befinden, keine fünf Meter von mir entfernt.

Dann dreht sie sich in meine Richtung um und bleibt einfach seelenruhig stehen. Ihre gelben Augen fixieren mich eindringlich. Na bitte, sie gibt auf und stellt sich ihrem Schicksal. Ich scharre kurz mit den Hinterbeinen, dann renne ich schnurstracks auf sie zu. Die schwarze Gestalt verzieht keine Miene, rührt sich keinen Millimeter, sondern sieht mir einfach nur zu, wie ich ihr bedrohlich nahe komme. Fünf Meter ... Vier ... Drei ... Zwei ... Einer ....

Als ich fast an der Garteninsel angelangt bin, setze ich zum entscheidenden Sprung auf sie an.

Hab ich ... mich getäuscht!

Denn genau in dem Moment, in dem ich auf sie zuhechte, lässt die Katze ihren linken Vorderlauf blitzschnell auf den feinen Schotter herabsausen. Ein Hagelschauer aus Kieselsteinen trifft mich hart im Gesicht, gefolgt von einer dichten Wolke aus weißem Feinstaub. Ich schließe die Augen und jaule hustend auf. Anstatt meinen Gegenspieler elegant und sicher zu fassen, der vermutlich in der Zwischenzeit mit einem kräftigen Satz zur Seite ausgewichen ist, schlittere ich über die Kieselsteine und lande unsanft auf meinem Bauch.

Ich rapple mich hoch, huste erneut und schüttle den Kopf, um wieder klar zu sehen. Die Katze kann ich jedoch nirgends entdecken.

»Hinter dir! Hinter dir!«, brüllt Hook.

Ich drehe mich ruckartig um. Und da steht sie tatsächlich, mit zur Schau gestellter Gelassenheit – die schlanke Gestalt, schwarz wie die Nacht, Auge in Auge mit mir. Aber ich erkenne keine Furcht in ihren stechend gelben Augen. Im Gegenteil, irgendetwas darin zieht mich magisch in seinen Bann.

Und wieder geht alles ganz schnell. Mit ihren beiden Vorderläufen schaufelt mein Gegenüber mir erneut Staub in die Schnauze, nutzt meine kurze Schockstarre und überspringt mit einem mächtigen Satz meinen gesamten Körper der Länge nach. Ich wirble herum, doch mein Gegner hat bereits gute drei Meter Vorsprung.

»Schnell! Schnell!« Hooks Stimme überschlägt sich. »Wenn sie die Steinmauer erreicht, ist sie weg.«

Meine Hoffnung auf eine erfolgreiche Jagd schwindet zusehends. Mit kräftigen Schritten hastet der schwarze Schatten auf die knapp einen Meter fünfzig hohe Mauer zu, die einen Teil von Noras Garten säumt. Hier bietet sich die einzige Möglichkeit, die ansonsten mannshohe und äußerst dichte Hecke komfortabel zu überwinden. Zumindest für eine Katze. Für mich ist diese Hürde eindeutig zu hoch. Ich habe kaum die Hälfte des Wegs zurückgelegt, als mein Gegner bereits zum Sprung in die Freiheit ansetzt und sicher auf der Steinmauer zu stehen kommt. Ich halte ebenfalls inne und werfe der schwarzen Gestalt auf der Mauer einen wütenden Blick hinterher.

»Du verdammtes Katzenvieh! Wer glaubst du eigentlich, wer du bist? Ich bin Sir Lionel of Lydford. Mir ist noch nie eine Katze entwischt.«

Das ist nicht einmal gelogen. Mir ist tatsächlich noch nie eine Katze entwischt. Denn ich habe bis dato ja noch keine gejagt. »Heute bist du mir vielleicht entkommen. Aber ich werde dir folgen bis ans Ende der Welt, wenn es sein muss! Hörst du? Bis ans Ende der Welt!«

Meine drohenden Worte zeigen wenig Wirkung. Die schwarze Gestalt auf der Mauer wirkt davon jedenfalls gänzlich unbeeindruckt und schleicht gemächlich zur Mitte der etwa vier Meter langen Steinmauer. Dann dreht sie sich noch einmal zu mir um und wirft mir wieder einen ihrer durchdringenden Blicke zu. Und ich hätte schwören können, dass sie sich kurz verneigt hat, bevor sie mit eleganten Bewegungen durch das Dickicht verschwindet. Aber vielleicht bilde ich mir das auch nur ein.

Etwas enttäuscht und mit hängendem Kopf trotte ich ins Wohnzimmer zurück, wo mich Hook sanftmütig grinsend empfängt.

»Das mit dem Jagdhund solltest du noch ’n bisschen üben«, stellt der weiße Boxer fest.

»Na ja, normalerweise ist da eine ganze Meute, und es gibt Reiter mit Trompeten und so. Zumindest ist das in Großbritannien so, habe ich gehört.«

»Oh na klar, das wird’s sein, ja. Keine Trompeten. Ist schon ziemlich schwer, so ’ne Katze ohne Trompeten zu erwischen.«

Er stupst mich freundschaftlich an.

»Aber mach dir nichts draus, Kleiner. Die kommt wieder. Du bekommst schon noch deine Chance. Und vielleicht kann dir Oski ja ’n paar gute Tipps geben, wie es auch ohne Rennerei klappt.«

Ich bleibe stehen und scharre mit den Vorderpfoten gedankenverloren im Gras.

»Hast du ihre Augen gesehen?«, frage ich Hook, ohne meinen Kopf zu heben.

»Klar hab ich die gesehen. Mindestens ein Dutzend Mal.«

»Ich weiß nicht ... irgendwas ist speziell an dieser Katze.«

Ich habe mich offenbar perfekt in meine neue Umgebung eingelebt. Ich sehe auch schon überall Spezielles.

»Ich hatte fast das Gefühl, sie will mir was mitteilen.«

»Was soll sie dir schon groß mitteilen wollen? Wo es die besten Mausmenüs gibt? Katzen können ja außerdem gar nicht reden. Das können nur wir. Und außerdem stehen

Katzen auch nicht unbedingt auf die Gesellschaft von Hunden. Die können dir höchstens sagen, wo die Tür ist. Oder die Katzenklappe.«

»Ja, wahrscheinlich hast du recht.«

Doch wirklich überzeugt bin ich nicht. Ich sehe noch einmal zurück. Aber im Dickicht über der kleinen Steinmauer rascheln nur die Blätter im Wind.

Kapitel 17

Darmspiegelungen und andere Ausflüge in die Finsternis

Das Schrillen der Türglocke reist mich abrupt aus meinem Hundeelend.

»Das wird Edgar sein«, ruft Nora freudestrahlend.

Wir erwarten noch einen Besucher? Eigentlich wollte ich jetzt ein bisschen alleine sein, um mit meiner Jagdschmach zu hadern. Aber gut, soll mir recht sein. Dann sind die Damen wenigstens beschäftigt, und ich kann mich gemütlich in mein warmes Körbchen zurückziehen. Ein Nickerchen wird mir jetzt guttun. Doch zuerst sehe ich mir mal an, wen wir da haben.

Olivia trippelt auf den Mann zu, den Nora ins Wohnzimmer führt. Er ist um die vierzig, recht mager und hat eine ziemlich hohe Stirn. Er trägt einen Backenbart, eine sehr große Brille mit gelb getönten Gläsern und ein Holzfällerhemd mit abgeschnittenen Ärmeln, das den Blick auf eine Menge Tätowierungen freigibt.

»Hallo, Edgar, gut siehst du aus«, stellt Olivia fest. »Hast du schon wieder was machen lassen?«

»Ja. Eine Darmspiegelung«, antwortet Edgar schnoddrig.

»Wie schön. Dein Darm ist ja auch der Spiegel deiner Seele. Oder war das was anderes? Ach, egal. Mit Vollnarkose oder hast du dir zur Feier des Tages einen Prosecco aufgemacht? Ist ja ein besonderer Moment. Endlich ein filmisches Dokument über das beliebte Ausflugsziel. Haben die wirklich eine Sonde genommen oder eine Helmkamera für vorzugsweise in dezentem Schwarz gehaltene Zauberstäbe?«

»Ach, halt doch die Klappe, Muddi. Ich bin jetzt eben in einem Alter, wo man so was öfter mal machen sollte. Das ist so ab vierzig. Wie sieht's denn bei dir aus im Reich der Finsternis?«

»Edgar, du dunkler Lord! Willst du das gleich hier herausfinden? Hast du denn die Ausrüstung dabei? Wäre in diesen unheiligen Hallen ja sowieso nicht das erste Mal, dass man so was sieht, aber zum ersten Mal aus medizinischen Gründen.«

»Edgar, nimm doch einen Schluck von dem Wein, wo wir gerade beim Thema sind«, meint Nora grinsend und schenkt Edgar ein Glas aus der Rotweinflasche mit dem Frauenhinterteil auf dem Etikett ein.

»Na, dann mal Prost«, meint Edgar und nippt an seinem Glas. »Auf deine Gesundheit, speziell auf die des Verdauungsapparates und auf viele magische Momente mit einer intakten Darmwand«, scherzt Olivia.

»Macht ihr euch mal fertig. Ich hole inzwischen das Equipment und baue auf. Wollen wir hier oder draußen?«

»Ich würde sagen, hier drinnen. Draußen wird es langsam recht kalt.«

Ich blicke etwas entgeistert. Was haben die vor? Machen die etwa allen Ernstes rektale Untersuchungen? Ich persönlich kann darauf gerne verzichten. Mein adeliges Innenleben ist Privatsache.

»Schauen wir einfach mal«, wirft Nora ein. »Den wichtigsten Teil dabei kann ich ja leider schwer fragen.«

Sie bückt sich zu mir runter.

»Das ist er übrigens. Mein Lio. Und weil wir gerade über schwarze Magie geredet haben. Ich war vor zwei Jahren bei einer Wahrsagerin in Düsseldorf. Und die hat mir vorausgesagt, dass ich in den nächsten Jahren einen Hund kennenlernen werde, der mein Leben verändern wird. Einen Hund, der etwas Einzigartiges ist. Klingt verrückt, oder? Aber manchmal glaube ich eben an so was.«

»Na, dann hoffen wir mal das Beste. Vielleicht sollte ich auch lieber zu Wahrsagerinnen als zu Ärzten gehen«, erwidert Edgar. »Mein Proktologe konnte mir nicht einmal vorhersagen, ob meine Darmflora irgendwann mein Leben verändern wird. Ich hol nur mein Equipment aus dem Auto, und dann können wir gleich loslegen.«

Edgar stellt sein Glas ab und verlässt das Haus. Ich blicke etwas ängstlich drein. Welches Equipment? Schon wieder irgendwelche medizinischen Eingriffe? Bilder von Dr. Botho Hammel erscheinen in meinem Kopf. Auch jemand, der mein Leben verändert hat. Ich überlege, ob ich mich einfach hinter die Frau aus Gold im Wohnzimmer stelle und mich selbst als dekorative Stehleuchte tarne, bevor mir wieder irgendjemand anderer einen Lampenschirm aufsetzt.

»Benny hat damals noch gelebt und Mike auch«, wendet sich Nora wieder an Olivia. »Und Hook war ja sowieso da. Aber sie hat gemeint, es wird kein Boxer sein. Und du weißt ja, wie oft ich in der Zwischenzeit im Tierheim war und wie viele Hunde ich mir angesehen habe. Aber den hier, bei dem hatte ich gleich das Gefühl, das hier ist der Hund, den die Wahrsagerin gemeint hat.«

»Bist du dir sicher?«, meint Olivia etwas skeptisch. »Momentan geht er mit seinen Superkräften halt noch etwas sparsam um. Als Jagdhund ist er, sagen wir mal, noch ein bisschen ausbaufähig. Diese Katze hat ihn ja ganz schön rumgehetzt. Was denkst du, was passieren wird?«

»Keine Ahnung«, erwidert Nora nachdenklich und starrt gedankenverloren in ihr Rotweinglas, als könnte sie darin eine Antwort finden. »Aber die Wahrsagerin hat gesagt, sie sieht, dass mich ein Hund irgendwann in naher Zukunft überraschen wird. Und dass es dabei eine geheimnisvolle Verbindung zu England oder Frankreich gibt, den genauen Ort konnte sie leider nicht sehen.«

»Ein Jammer. Es gibt einfach viel zu wenige Kristallkugeln mit zuverlässigen Ortungsdiensten.«

»Dabei soll es übrigens um eine fast vergessene Legende und um eine jahrhundertealte Seele gehen«, fügt Nora mit leuchtenden Augen hinzu.

»Das sollte ja nun wirklich kein Problem sein. In deiner Brust ist definitiv genug Platz, damit zwei Seelen darin ganz komfortabel wohnen können. Sogar mit Kinderzimmer und Carport.«

»Mach keine Witze. Aber da fühlt man sich doch echt wie in einem Film. Und zwar nicht wie in einem, in dem eine Dolly Buster normalerweise mitspielt. Ich weiß ja, dass das verrückt klingt und dass man den Prophezeiungen von irgendeiner Wahrsagerin aus Düsseldorf nicht unbedingt glauben soll«, räumt Nora ein. »Vor allem einer, die dich nach deiner Sitzung zur Tür rausbegleiten will und sich dabei den Oberschenkelhals bricht, weil sie leider nicht vorhergesehen hat, dass ihre Katze den Trinknapf umgestoßen hat und der Boden rutschig ist.«

»Sie macht das eben schon mal vor, wie es sich anfühlt, wenn man von seinem Haustier überrascht wird«, räumt Olivia ein. »Ich bin jedenfalls gespannt, was da von Lio noch so kommt. Klingt ja alles sehr aufregend. Und vielleicht wird aus Hook ja auch noch ein guter Pirat. Ich könnte ihn mir ganz gut vorstellen mit Augenklappe.«

»Die Wahrsagerin meinte noch, er würde mir ein Zeichen geben, wenn es so weit ist. Dann haben die Sanitäter sie hinausgetragen.«

Nora mustert mich eindringlich.

»Da ist irgendwas in ihm, das rauswill.«

Edgar ist mittlerweile mit einigen schwarzen Taschen zurückgekehrt und meint grinsend:

»Das hat mein Arzt auch gesagt, bevor er der Sonde wieder ein bisschen Tageslicht gegönnt hat.«

»Edgar, diesmal haben wir ausnahmsweise mal nicht über deine inneren Werte geredet«, antwortet Olivia. »Es geht eben nicht immer nur um die Funktionsweise des Darmes. Aber vielleicht solltest du dich echt mal hinsetzen und ein Buch darüber schreiben. Das Thema wird doch heutzutage immer wichtiger. Könnte ein Riesenerfolg werden.«

»Sollen wir uns umziehen und fertig machen?«, wirft Nora ein.

»Ja, ich baue hier inzwischen auf.«

»Okay. Ich ziehe das neue Versace-Kleid an, das ich mir gekauft habe. Das ist heute doch mal ein passender Anlass. Ich will ja schick sein für meinen besonderen Hund.«

Ich atme erleichtert auf, als ich sehe, dass Edgar keine medizinischen Geräte, sondern eine Kamera aus einer seiner schwarzen Taschen hervorholt. Obwohl ich zugeben muss, dass ich mich nach der missglückten Jagd nicht besonders wohlfühle. Heute ist einfach nicht mein Tag. Und schon gar kein Tag für irgendwelche Aufnahmen. Aber ein Beagle, der lustlos und etwas mürrisch dreinschaut, sieht für Menschen – sogar für Hundeprofis – eben immer noch aus wie ein entzückend normaler Beagle.

»Dein großer Tag, Kleiner. Fotos fürs Familienalbum«, meldet sich Hook. »Ich hab das schon hinter mir.«

Eine gute Stunde später sind wir in Position. Zumindest Nora und Olivia sind es. Nora trägt tatsächlich ihr neues helles Versace-Kleid, das sie sich extra für diesen Anlass besorgt hat. Offenbar findet sie, dass man nie genug Versace haben kann. Olivia wiederum fand bereits das achte Kleid, das sie anprobiert hat, sehr passend für den Anlass.

Ich hingegen sitze immer noch recht widerwillig da. Nora hat mir für die Fotos mein Halsband abgenommen und mir eine Art Goldkette angelegt. Ich persönlich finde so viel Klunker etwas übertrieben, aber was will man machen? Edgar ist nun mal den weiten Weg gekommen, um mich in Gesellschaft von Nora im Versace Kleid und ihrer besten Freundin Olivia in Szene zu setzen – egal, wie neureich ich dabei aussehe. Mich, Sir Lionel of Lydford, den einzigartigen Hund aus den Prophezeiungen einer allwissenden Wahrsagerin, der sich von einer Katze ebenso düpieren hat lassen wie die Meisterin des Okkulten selbst. So gesehen ist da bereits eine erste geheimnisvolle Verbindung, zwar nicht nach England oder Frankreich, aber immerhin nach Düsseldorf. Das ist ein Anfang.

Edgar fuchtelt mit den Armen herum und gibt letzte Anweisungen.

»Okay, jetzt setz den Kleinen mal auf deinen Schoß. Gut so. Und du, Olivia, ein bisschen näher ran. Umfasst ihn mal. Und drückt ihn mal so richtig und schaut dabei in meine Richtung. Ja, noch ein bisschen stärker ... ja, so ist's gut.«

Dabei betätigt Edgar ohne Unterlass den Auslöser der Kamera.

»Gut, ich glaube, das haben wir mal im Kasten. Ich finde, jetzt sollten wir mal ein bisschen was mit Requisiten probieren. Das mit der Wahrsagerin hat mich auf eine gute Idee gebracht. Machen wir jetzt mal was Mysteriöses, nur mit Nora und dem Hund, draußen im Freien. Ich hab so einen abgefahrenen Umhang gefunden auf einem Markt in der Nähe von Duisburg. Aber dein helles Kleid wird man da vielleicht durchblitzen sehen. Zieh mal lieber wieder das schwarze an. Und mach dem Hund mal diese fette Kette ab, für den finden wir auch was.«

»Okay«, erwidert Nora. »Aber lass uns schnell machen. Es wird langsam ganz schön frisch draußen.«

Während Edgar kurz nach draußen verschwindet, um die Requisiten aus dem Auto zu holen, tut Nora wie geheißen, entfernt den schweren Klunker und entledigt sich auch ihres hellen Kleides, das sie behutsam auf einen Stuhl neben dem Tisch legt. Dann schlüpft sie in das schwarze Kleid, das sie vorher angehabt hat. Ich trage vorerst nichts außer mein elegantes braun-weiß geschecktes Fell.

Vielleicht wäre für eine mysteriöse Fotosession eine schwarze Katze besser geeignet. Andererseits heißt es ja, es geschieht ein Unglück, wenn einem so ein Tier über den Weg läuft. Bis jetzt ist allerdings noch nichts wirklich Schlimmes passiert. Aber man soll den Tag nicht vor dem Abend loben. Und es beginnt gerade erst zu dämmern.

Edgar kehrt mit einer weiteren riesigen Tasche zurück und beginnt, daraus Requisiten hervorzuholen: einen Kandelaber, eine alte Öllampe, einen Umhang, einen ...

Ich reiße die Augen auf und bin plötzlich hellwach. Das darf doch nicht wahr sein! Ich fühle nacktes Entsetzen in mir hochsteigen. Ich drehe mich ruckartig um und renne etwas unkoordiniert los. Dabei bleibe ich mit einem Bein am Kamerastativ hängen, das mit lautem Getöse hart auf den Tisch kracht. Und natürlich stößt die Kamera auch noch die Weinflasche um, die ihren Inhalt auf Noras hellem Versace-Kleid verteilt. Nora hingegen stößt einen schrillen Schrei aus, doch ich höre nichts mehr. Ich bin bereits gefühlte tausend Meter entfernt. Ich will nur weg von hier, und zwar so schnell wie möglich. Mit Riesenschritten renne ich zum zweiten Mal an diesem Tag aus dem Haus und schnurstracks auf die Steinmauer am anderen Ende des Gartens zu.

»Wo willst du hin, Kleiner?«, höre ich die Stimme von Hook rufen.

Aber ich antworte nicht. Und es ist mir egal, dass im Wohnzimmer gerade das Chaos losgebrochen ist. Ich erreiche die Steinmauer und setze zum Sprung an. Es heißt, dass Lebewesen über sich hinauswachsen können, wenn sie Angst haben. Und tatsächlich schaffe ich den waghalsigen Satz auf die Mauer, den ich vor zwei Stunden noch gescheut habe. Oder fast. Bei der Landung schlage ich mit der linken Hinterpfote jedoch hart gegen die oberste Reihe Steine. Aber ich fühle den brennenden Schmerz nicht, der sich in meinem Bein ausbreitet. Ich bin in Sicherheit. In Sicherheit vor dem letzten Requisit, das Edgar aus seiner Tasche geholt hat: einem Spazierstock, auf dessen Messingkopf eine kleine Lokomotive zu erkennen ist …

Ich weiß nicht, wie weit und wie lange ich gelaufen bin. Es müssen viele Minuten gewesen sein. Die hektischen Rufe hinter mir sind längst verstummt. Meine Umgebung sieht fremd aus. Kein Wunder, ich war schließlich noch nie in diesem Waldstück jenseits der Mauer. Mittlerweile ist auch die Nacht angebrochen. Erschöpft bleibe ich stehen und stelle fest, dass meine linke Hinterpfote heftig blutet und mein gesamter Körper schmerzt. Ich sehe mich um, aber ich habe nicht die leiseste Ahnung, wo ich bin. Das Gebiet ist mir völlig unbekannt. Nirgends ist ein bekannter Bezugspunkt zu erkennen. Gut gemacht, Lionel, du hast dich verirrt. Irgendwo höre ich den leisen Ruf einer Eule, während feuchte Nebelschwaden durch das Dickicht wabern. Ich spüre, wie nasse Kälte mein Fell umfließt. Diese schwarze Katze hat doch tatsächlich ein Unheil angekündigt: Herrn Brösigkes Stock hat mich bis nach Wesel verfolgt. Und auch dieses Mal habe ich nach seinem Anblick quälende Schmerzen.

In diesem Moment wird mir klar, dass es eigentlich nicht der Stock ist, vor dem ich Angst habe, sondern Herr Brösigke selbst. Doch nachdem Herr Brösigke sich niemals von seinem geliebten Stock getrennt hätte, kann das nur eines bedeuten: Es gibt keinen Herrn Brösigke mehr. Außerdem ist Duisburg weit weg. Ich habe überstürzt gehandelt. Nora hätte nicht zugelassen, dass mir ein Unheil geschieht. Aber die Welt von Hook, Nora, Dino und damit auch mein wohlig warmes Körbchen sind weit weg. Stattdessen bin ich alleine hier draußen und beobachte, wie mein Atem langsam zu einer kleinen Wolke gefriert. Zitternd lege ich mich auf den Waldboden, als ich die ersten Schneeflocken auf meinem Fell spüre.

Wenn man mich jemals findet, möchte ich auch an diesem schönen Ort unweit des Weihers meine letzte Ruhe finden. Benny, Mike, namenloses Kaninchen, ich bin bald bei euch, denke ich noch. Ich hoffe nur, Herr Brösigke ist woanders untergebracht. Dann lässt das Zittern nach, und mir wird schwarz vor Augen.

Kapitel 18

In Gefangenschaft

»Grüezi wohl!«

Ich öffne vorsichtig meine Augen. Vor mir erscheinen zwei undefinierte Schatten, der eine riesengroß, der andere winzig klein. Als sie langsam Gestalt annehmen, stelle ich fest, dass ich wohl nicht im Hundehimmel gelandet bin. Es sei denn, dort wird man von einem sehr eigenartigen Empfangskomitee empfangen: einem Bernhardiner und einem Chihuahua.

»Hoch mit dir, du Schlappschwanz!«, herrscht der Chihuahua mich unwirsch an. »Du bist jetzt lange genug auf der faulen Haut gelegen! Los, aufstehen! Liegestütze! Zack, zack!«

»Nimm den da nicht so ernst«, erwidert der Bernhardiner lachend und schiebt den Chihuahua unter dessen heftigen Protesten sanft zur Seite. »Wir wissen nicht, wie er heißt, aber wir nennen ihn ›Bruiser‹, also Knochenbrecher. Er hält sich für so eine Art Elitesoldat. Muss wohl irgendein Defizit damit kompensieren.«

»Schnauze, Reto. Schnauze! In meiner Truppe will ich so was nicht hören. Oder willst du meine Faust spüren?«

»Du hast doch gar keine Faust, Bruiser«, winkt Reto ab. »Und abgesehen davon – wo soll ich die denn spüren? Willst du mir mit deinem vollen Gewicht auf die Vorderpfote springen? Bitte nicht! Dabei könnten mir womöglich ein paar Haare abbrechen.«

»Leg dich nicht mit mir an, du elender Hundesohn!«, kläfft Bruiser wütend und trippelt dabei hektisch vor Reto herum.

»Wie oft noch, Bruiser? Unter Hunden ist ›Hundesohn‹ keine Beleidigung! Du bist auch einer, obwohl ich mir bei dir nicht ganz sicher bin, ob da nicht auch ein Hamster in deiner Stammbaumbildung involviert war.«

Ich schüttle meinen Kopf. Zum Rapport, Lionel! Wie ist die Lage? Meine linke Hinterpfote steckt in einem Verband. Und zu meiner Verwunderung stelle ich fest, dass ich offenbar in einer Art Gefängnis bin.

»Mein Name ist Lionel. Aber ihr könnt mich Lio nennen«, wende ich mich an das ungleiche Paar. »Aber ... sag mal, Reto, wo bin ich denn hier eigentlich?«

»Was denkst du denn, wo du bist? Du bist im Tierheim, Junge.«

»Willkommen in der Fremdenlegion, Neuer!«, kreischt Bruiser aufgeregt und stolpert dabei fast über seine eigenen Füße.

Ich starre ungläubig in die Runde.

»Was mache ich denn im Tierheim? Ich habe doch ein Zuhause. Und wie bin ich eigentlich hierhergekommen?«

»Es heißt, ein Spaziergänger habe dich im Wald liegend gefunden, dem Tod bereits sehr nahe«, meldet sich eine tiefe Stimme aus dem Hintergrund.

»Das ist Don«, flüstert mir Reto zu. »Doggenmischling. Bei dem solltest du vorsichtig sein. Don hat lange auf der Straße gelebt. Dazwischen war er immer wieder im Knast. Er kommt mit Menschen nicht allzu gut zurecht. Es kommen auch nur noch wenige Leute, die sich für ihn interessieren. Er glaubt, dass er den Rest seines Lebens hinter Gittern verbringen muss. Aber niemand hier drinnen legt sich mit ihm an. Er hat die ältesten Rechte im Zwinger.«

Reto senkt traurig den Blick.

»Nach so langer Zeit hier neigt man sowieso etwas zur Schwermut. Was dich betrifft: Du warst nur ein bisschen unterkühlt. Aber heute ist bei uns ohnehin Tierarzttag. Die haben deine Wunde verbunden und dich in eine Decke gehüllt.«

»Das war sowieso nur ein Kratzer!«, krächzt Bruiser. »Lächerlich. Da, wo ich herkomme, spricht man über so was gar nicht. Ich erzähle dir mal was vom Krieg: Ich hab im Krieg ein Bein verloren!«

Ich mustere den Chihuahua neugierig und zähle im Stillen die Anzahl seiner Extremitäten.

»Aber ... du hast doch vier Beine«, erwidere ich überrascht.

»Richtig, Soldat! Aber vorher hatte ich fünf!«

Reto kann sich ein Grinsen nicht verkneifen.

»Wie gesagt, nicht ganz für voll nehmen, den militanten Zwerg hier. Aber hier drinnen ist es nicht gerade leicht, nicht langsam verrückt zu werden. Dieses lange Warten auf ein neues Leben hat bei vielen dazu geführt, dass sie sich aus der Realität flüchten. Einige müssen nämlich verarbeiten, dass sie einfach ausgesetzt worden sind, weil sie ihren Besitzern irgendwann zur Last gefallen sind.«

»Aber warum bin ich denn nun dann im Tierheim? Ich bin nicht ausgesetzt worden. Und ich habe doch ein ...«

Ich taste mit der Vorderpfote an meinem Hals entlang. Aber da ist nichts.

»Du hast was?«, erkundigt sich Reto. »Ein Halsband? Und wo bitte schön?«

»Ach herrje, hat die Fluglinie etwa auch dein Gepäck verloren?«, kiekst eine affektierte Stimme rechts von mir. Ich drehe verwundert den Kopf. Vor mir steht eine dezent grauhaarige Pudeldame mit leicht zerzaustem Fell und einer gewissen Verbissenheit im Blick. »Ich sage dir, die sind auch nicht mehr das, was sie mal waren. Mein Mann und ich, wir fahren ja nur noch mit der Limousine. Oder zwischendurch ganz gern mit einer Yacht.«

»Schnauze, Daisy! Dein Mann wird vermisst. Und du befindest dich in feindlicher Gefangenschaft«, stellt Bruiser fest.

»Unser Pudel Daisy hier hält sich für das Schoßhündchen irgendeines glamourösen Modeheinis, den sie nur ›mein Mann‹ nennt«, erklärt Reto. »Aber keine Sorge, ich glaube, die Ehe wurde nie vollzogen. Der hat wohl lieber mit irgendwelchen Menschenjungs rumgemacht.«

Pudeldame Daisy schüttelt sich angewidert und wendet sich erklärend an mich.

»Na ja, schauens, Herr Lio, das sind doch alles nur ... wie soll ich sagen? Dumme Gerüchte. Das hat die Presse doch im Nachhinein hochgespielt. Ich kann nur sagen, dass mein Mann und ich sehr glücklich miteinander waren. Er hat mich über alles geliebt. Jeden Tag hat er mir die Haare gebürstet und jede Saison hat er mir die schicksten Schleifen aus den großen Modemetropolen mitgebracht.«

»Genauer gesagt: aus einer Tierhandlung in Regensburg«, wirft Reto ein.

Ich blicke mich im Zwinger um. Außer Reto, Bruiser, Don und Daisy ist noch ein weiterer Hund da, ein mächtiger altdeutscher Hütehund mit kohlschwarzem, glänzendem Fell, der völlig regungslos vor dem Gitter liegt. Reto bemerkt meinen Blick.

»Unser Blacky hier spricht nicht viel. Eigentlich hat er noch nie irgendwas gesagt. Niemand weiß genau, wo er herkommt. Er liegt stumm da und starrt immer nur nach draußen.«

»Und wo kommst du her?«, wende ich mich an Reto.

»Aus der Schweiz. Mein Vater war Lawinensuchhund.« Reto wirkt plötzlich bedrückt.

»Was ist passiert?«

»Er hat tatsächlich einmal eine Lawine gefunden ... Sie konnten nichts mehr für ihn tun.«

»Oh, das tut mir leid.«

»Jedenfalls kam ich als ganz kleiner Welpe zu einer jungen Familie mit zwei Kindern in Dortmund, die mich wohl ganz süß fanden. Doch sie haben wohl unterschätzt, dass drei Dinge mit der Zeit größer werden: die Kinder, ich – und ihre Eheprobleme. Nach der Trennung hatte niemand mehr Platz für mich, und ich kam hierher. Ich bin jetzt schon ewig hier. Wer nimmt denn schon einen ausgewachsenen Bernhardiner?«

»Ach, Schatz, ich hab dir doch gesagt, in unserer Schwabinger Villa ist Platz für ein ganzes Rudel von euch«, schnattert Daisy los. »Warte einfach, bis mein Mann kommt! Ich bin sicher, er hängt schon am Telefon, um mich hier rauszuholen! Dann nehmen wir dich mit zu uns!«

»Schnauze, Daisy, wann kapierst du es endlich?«, schnaubt Bruiser und sieht dabei so furchterregend aus, wie es nur Chihuahuas können: gar nicht. »Deine Schwabinger Villa ist Geschichte. Dein Mann kommt nicht mehr. Jetzt müssen wir Fünfbeiner zusammenhalten.«

»Vierbeiner«, korrigiere ich.

»Meinetwegen, die auch«, poltert Bruiser.

»Vielleicht könnt ihr mir ja helfen«, wende ich mich an das bunte Rudel. »Ich bin nicht ausgesetzt worden, sondern wohne bei einer gewissen Nora. Neulich nachts bin ich weggelaufen, weil ich es plötzlich mit der Angst bekommen habe. Zu diesem Zeitpunkt habe ich aber kein Halsband getragen, weil mein Frauchen es mir für ein Fotoshooting abgenommen hatte. Ich habe mich im Wald verirrt und bin dort erschöpft liegen geblieben. Danach weiß ich nichts mehr, außer dass es bitter kalt war.«

Aus dem Hintergrund schaltet sich die sonore Stimme von Don erneut in das Gespräch ein.

»Es heißt, du hattest einen Helfer. Angeblich wurde der Jack Russell Terrier des Spaziergängers, der dich im Wald gefunden hat, von einem geheimnisvollen Fremden zu dir geführt. Sonst wären die beiden nie auf dich aufmerksam geworden.«

»Tatsächlich?«

»Ja.« Don ist mittlerweile aufgestanden und bewegt sich schnurstracks auf mich zu. »Das hat mir der Jack Russell Terrier erzählt, während sie vor unserem Zwinger standen.«

Die Schnauze des Doggenmischlings nähert sich meinem Kopf bedrohlich nahe. Ich spüre seinen heißen Atem auf meiner Haut. »Er sagte, der Fremde wäre eine ... Katze gewesen, schwarz wie die Nacht.«

»Katzenalaaaaaarm!«, brüllt Bruiser, wobei sich seine Stimme fast überschlägt. »Wo ist sie? Wo ist sie? Ich zerfleische sie! Ich hole mir ihre Augen und verwende sie als Punchingbälle!«

»Schauze, Bruiser!«, faucht Don und baut sich in voller Größe vor mir auf. »Also, Freundchen ... Warum sollte eine räudige Katze deine erbärmliche Haut retten?«

Uh-oh. Das sieht nicht gut aus. Die anderen Hunde weichen bereits voller Ehrfurcht zurück. Dons Augen scheinen mich regelrecht zu durchbohren. Ich blicke hilfesuchend zu Reto, aber der gutmütige Bernhardiner schüttelt nur wortlos den Kopf. Wenn doch wenigstens Hook hier wäre. Der hätte Don zwar auch nichts entgegenzusetzen, aber dann wären wir wenigstens schon zwei Chancenlose. Ich mache einen Schritt nach hinten, dann noch einen, doch Don folgt jeder meiner Bewegungen.

»Irgendwelche letzten Worte, elender Verräter?«, fährt mich der Doggenmischling wütend an.

»Äh ... nein«, stammle ich. »Na ja, weißt du, Don, es war so. Diese Katze streunt bei uns herum. Ich habe sie eigentlich gejagt ... und ... und ich hatte sie schon fast, aber, na ja, da waren diese vielen Kieselsteine und dieser große Mann in Stöckelschuhen, alles seeehr verwirrend ...«

»Lügner! Du wagst es, dich mit mir anzulegen? – Bruiser?«

»Ja, Chef!«, meldet sich der kleine Chihuahua pflichtbewusst.

»Jetzt zeige ich dir mal, wie man Knochen wirklich bricht.«

»Alles klar. Nix für ungut, Lio. Denk einfach an was Schönes.« Bruiser tritt ein paar Schritte zurück, um den Sicherheitsabstand zwischen ihm und Don wiederherzustellen.

Ich stehe nun völlig alleine einem riesenhaften Doggenmischling gegenüber, Auge in Auge mit einem ungleichen Feind. Mein letztes Stündlein hat wohl geschlagen. Schon wieder. Das schlägt mir langsam entschieden zu oft. Don hebt seine mächtige Vorderpfote und holt zum vernichtenden Schlag aus. Nachdem ich mich nicht wehren und auch nicht flüchten kann, schließe ich nur resigniert die Augen, bereit, eine ordentliche Tracht Prügel einzustecken. – Doch nichts passiert.

»Lass den Jungen in Ruhe!«

Vorsichtig öffne ich meine Augen wieder. Es ist Blacky. Er hat sich schützend zwischen Don und mich gestellt. Die gesamte Hundemeute ist sprachlos, Blacky offenbar nicht mehr.

»Niemand hier krümmt diesem Hund auch nur ein Haar. Dass das klar ist!«

Um seinen Worten Nachdruck zu verleihen, fletscht Blacky eine beeindruckende Reihe scharfer Zähne und herrscht den nun völlig verunsicherten Don in rüdem Ton an:

»Und jetzt verzieh dich in deine Ecke, Don, bevor ich mich vergesse!«

Mit so viel Gegenwehr hat Don offenbar nicht gerechnet. Denn tatsächlich gibt er kleinlaut bei und trottet wortlos in seine Ecke zurück, wo er sich grummelnd niederlässt, ohne uns eines weiteren Blickes zu würdigen.

»Was ist denn hier los?«, höre ich eine schwer atmende Frauenstimme von draußen schreien. Eine rundliche Tierpflegerin ist offenbar wegen des lautstarken Tumultes in unserem Zwinger herangestürmt, um die Lage zu überprüfen. »Es wird hier nicht gestritten, Jungs, klar?«

Dann erscheint neben ihr ein vertrautes Gesicht, das bei meinem Anblick voller Verzückung ruft:

»Lio! Da bist du ja! Ich habe mir schon solche Sorgen gemacht!«

Auch ein weißer Boxer mit einem braunen Fleck um das linke Auge lugt neugierig in den Zwinger.

»Was machste denn für Sachen, Kleiner? Dich kann man echt keine fünf Minuten allein lassen.«

»Schön, dass wir helfen konnten, Frau Buster«, meint die Tierpflegerin erleichtert. »Ihrem Lio geht es gut. Ich lasse ihn gleich raus, und nach ein paar kurzen Formalitäten können Sie ihn sofort mit nach Hause nehmen.«

Freudestrahlend drehe ich mich zu den anderen. Und beinahe tut es mir leid, dass ich bald mit Hook und Nora nach Hause kann, während sie alle hierbleiben müssen.

»Mach's gut, Lio«, sagt Reto traurig. »Besuch uns mal wieder.«

»Grüßen Sie mir meinen Mann, ja? Und schreiben Sie ihm doch mal Ihre Telefonnummer auf! Oder auch nicht. Müssen Sie ja nicht. Wir sehen uns ja sicher auf irgendeinem roten Teppich wieder«, schlägt Daisy voller Übermut vor.

Bruiser hingegen schimpft: »Deserteur! Deserteur!«, und boxt mich vorwurfsvoll in meine Schnauze – so furchterregend, wie es eben nur Chihuahuas können. Dass er dabei nicht umfällt, wundert mich. Vielleicht hat er doch irgendwo ein fünftes Bein. Blackys und mein Blick treffen sich.

»Danke«, sage ich verlegen. Blacky jedoch bleibt stumm, gerade so, als wäre seine Heldentat ganz selbstverständlich gewesen.

Erst als die Türe sich öffnet und ich mich auf dem Weg in die Freiheit mache, flüstert der schwarze Hütehund mir leise zu: »Enttäusch uns nicht.«

Kapitel 19

Heimliche Begegnungen der anderen Art

»Ciao, bello! Oder auf gut Deutsch: Ciao, Hund!«

Nach einer kurzen Autofahrt, während der Nora gelegentlich auf den Verkehr geachtet hat und mich ansonsten abwechselnd getätschelt, gerügt und gestreichelt hat, bin ich etwas ermattet zu Hause angekommen. Dino hatte dann die gute Idee, mich etwas aufzupäppeln und mit mir in ein schickes Restaurant in einem vornehmen Weseler Hotel zu gehen. Es gibt nicht allzu viele vornehme Hotels in der kleinen Stadt am Niederrhein, und eigentlich ist auch der »Fürstenhof« keines, aber der Name klingt immerhin so. Das Hotel liegt in der Nähe des Bahnhofs, falls man es sich doch noch mal anders überlegt und schnell wieder aus Wesel verschwinden will. So viel Luxus muss sein.

Als wir uns an einem Tisch niederlassen, begrüßt uns Oberkellner Mario in einwandfreiem Italienisch – sofern man bereit ist zu akzeptieren, dass »bello« tatsächlich das italienische Wort für Hund ist, und seine Begrüßung, »ein herzliches Bon Jovi«, tatsächlich irgendwie für guten Tag steht. Aber Mario entstammt einem Ort, wo, wie er sagt, »Italien am schönsten ist«: Belgrad. Soweit ich weiß, haben seine Landsleute mal einen erbitterten Krieg um ihre nationale Identität geführt. Mario hat scheinbar nicht mitgemacht. Er fühlt sich als Italiener und sieht mit Unmengen an Gel in den Haaren und seinem Oberlippenbärtchen auch wie einer aus – sofern man bereit ist zu akzeptieren, dass Serben wie Italiener aussehen.

»Mamma mia, so eine schöne Hund!«, verkündet Mario voller Begeisterung. »Que bello bello! Capricciosa! Un momento, eh, sehr geehrter Herr Vierbein, il mio signore quattro stagioni, ich werde holen für Euch eine Menü belissimissimi!«

Ich blicke geistesabwesend auf die Schwarzwälder Kirschtorte, die mich vom Tisch nebenan anlacht. Die etwas korpulente Dame, die dahinter sitzt, lächelt Dino mit einem vielsagenden Blick an. Dino lächelt zurück, doch sein Blick sagt nur, dass sie vermutlich keine Zukunft als Darstellerin in seinen Filmen hat. Da spielen ohnehin schon die Schlüters mit, und das ist schlimm genug.

Also wendet sich Dino lieber der Speisekarte zu und teilt mir mit, dass die Muscheln hier ganz ausgezeichnet sein sollen, aber dass er Muscheln eigentlich nicht mag und ihm das daher ziemlich egal ist. Manchmal sagt er schon recht seltsame Dinge, vielleicht in der Hoffnung, dass ich ihn ohnehin nicht verstehe. Ich mag allerdings auch keine Muscheln. Für Hunde stellen Schalentiere generell keine ideale Mahlzeit dar. Dino bestellt stattdessen ein »Schweinefilet Madagaskar« aus bestem deutschen Landschwein, das vermutlich noch nie auf Madagaskar war. Aber Mario ist ja auch kein echter Italiener.

Nach ein paar Minuten erscheint besagter Herr mit einem Teller in der Hand und einer weißen Schüssel in der anderen an unserem Tisch.

»Na, Mario, wieder mal keinen Platz in der Biotonne gehabt für das gute Zeug?«, ruft ein älterer Herr mit Halbglatze und Vollrausch von einem Ecktisch herüber. Dort sitzen fünf Männer unterschiedlichen Alters und Alkoholisierungsgrads. Auf der Tischplatte steht ein Aufsteller mit einem Wimpel, auf dem »Weseler Piraten« zu lesen ist. Schiffe haben in Wesel nicht allzu viel zu befürchten, denke ich, zumal wir uns ja außerdem in der Nähe des Bahnhofs befinden.

»Prego, Signore. Für die feine Herr auf Tisch sieben nur das Beste! Schweinefilet Malediven!«

»Madagaskar«, korrigiert ihn Dino.

»Natürlich, scusi. Und für seinen Begleiter eine besondere Spezialität des Hauses. Innereien vom Kaninchen! Moltissimo frischissimo.«

Ich werfe einen missmutigen Blick auf den Teller vor mir. Toll. Ich bin allergisch gegen Kaninchen. Und das gilt vermutlich auch für deren Innenleben. Während ich mich frage, ob dieses Kaninchen wohl durch Ertrinken zum Hauptgang geworden ist, muss ich wie zur Bestätigung heftig niesen.

»G'sundheit, ey!«, tönt es von unter dem Tisch mit der Schwarzwälder Kirschtorte hervor. Ich kenne diese Stimme. Das ist doch nicht etwa ...

»Gina-Lala?«

Ich blicke ungläubig auf die blonde Hündin, die ihren Kopf neugierig zwischen den Tischbeinen hervorsteckt.

»Mensch, kack die Bohne, des is' doch der Lio! Was mascht du denn hier?«

»Ich wohne doch jetzt hier. Und du?«

»Mach kee Sach! Wirglisch? Gibbet ja gar nisch! Ey, was'n Zufall!«

»Kann ich dich zum Essen einladen?«

Es muss ja niemand wissen, dass ich es sowieso nicht essen hätte können.

»Sischer. Isch hab ja Kaninsche wahnsinnisch gern. Aber die Alde da will aus mir 'ne Bflanzenfresserin masche. Brrrr.«

»Du könntest mir auch einen Gefallen tun. Ich will diese Torte da.«

»Wie willsde denn des masche?«

»Wir könnten uns zusammen gegen das Tischbein werfen, dann müsste sie vom Tisch rutschen, okay?«

»Isch gut!«

»Also: bei drei! Eins ... zwei ... *drei*!«

Ich donnere mit voller Wucht gegen das Tischbein – unter den neugierigen Blicken von Gina-Lala. Der Tisch wackelt ein bisschen, sonst passiert rein gar nichts.

»Lio!«, ermahnt mich Dino. »Was soll denn das?«

»Was soll denn das?«, frage ich auch Gina-Lala. »Ich habe doch gesagt: bei drei.«

»Ey, seh' isch vielleischt aus, als könnt' isch bis drei zähle?«

Auch wieder wahr. Von manchen Artgenossen darf man eben nicht allzu viel erwarten. Das gilt für Menschen ebenso wie für Hunde.

»Okay, dann sagen wir einfach: auf mein Zeichen.«

»Isch gut!«

»Bist du bereit? Und LOS!«

Wieder donnere ich mit voller Wucht gegen das Tischbein. Natürlich ohne Effekt, außer dass mich Gina-Lala einmal mehr neugierig mustert.

»Ey, du hast ned gsagt, dass des Zeischen ›und los‹ iss ...«, wehrt die blonde Hündin ab.

»Lio! Was ist denn los mit dir?« Dino wirft mir einen sorgenvollen Blick zu. »Was haben die im Tierheim denn bloß mit dir gemacht?«

Gar nichts. Aber sie haben eben auch keine Schwarzwälder Kirschtorten gemacht. Doch mittlerweile ist es sowieso zu spät für mein Vorhaben, das gute Stück vom Tisch zu bugsieren. Erstens tun mir meine Knochen weh, und zweitens hat die korpulente Dame das letzte Stückchen Torte gerade in ihrem überschminkten Mund versenkt.

»Hat eben südländische Temperament, diese Hund«, bemerkt Mario.

»Beagles stammen aber aus England«, wirft Dino ein.

»Wo die Südland isse am schönsten!«

Mario ist eben Kosmopolit, wenn auch nicht mit Absicht. Für die Gastronomie braucht man nun mal keine profunden Geografiekenntnisse.

Ich schiebe die weiße Schüssel klammheimlich rüber zu Gina-Lala, die sich überschwänglich bedankt und sich – von ihrer Halterin unbemerkt – genüsslich über das unverhoffte fleischliche Mahl hermacht. Genützt hat die Heimlichtuerei allerdings nichts. Denn wenig später habe ich erfahren, dass sie das Kaninchen in das Kingsize-Bett ihres Zimmers mit der Nummer 212 erbrochen hat und zur Strafe zwei Wochen lang nur noch Hirse vorgesetzt bekam.

Dino hingegen hat das Schwein in sich behalten (und das sage ich jetzt nicht, weil er in der Pornobranche tätig ist). Allerdings hat er im Laufe des Essens wiederholt festgestellt, dass ich sehr unruhig sei und vorgeschlagen, dass wir einen kleinen Verdauungsspaziergang machen. Eigentlich verdaut nur er, denn ich habe ja nichts gegessen.

Also verabschieden wir uns von Mario, der uns noch einen schönen Tag und irgendetwas namens »aviriderci« wünscht. Ich verabschiede mich von Gina-Lala, die mir versichert, dass sie jederzeit für »ein Nümmersche« zu haben sei. Da ich keine Zeit mehr für lange Erklärungen habe, verspreche ich, mich zu melden, wenn ich so weit bin. Die korpulente Dame hat sich später zu den Piraten an den Ecktisch gesetzt und noch am selben Abend – wie ich später erfahren habe – selbst »ein Nümmersche« mit dem Mann mit der Halbglatze geschoben. Doch auch dessen Magen war nach einer ziemlichen Menge Bier und Schnaps nicht mehr der stabilste, und die Bettwäsche in Zimmer 212 musste ein zweites Mal an diesem Tag gewechselt werden. Ob auch der Pirat daraufhin nur noch Hirse vorgesetzt bekommen hat, entzieht sich meiner Kenntnis.

Eine halbe Stunde später sind Dino und ich schon meilenweit entfernt von Mario, Gina-Lala, Schwarzwälder Kirschtorten und Piraten und durchqueren den Weseler Wald. Dino hat mich abgeleint, sehr zum Missfallen einiger Reiter, denen wir auf dem schmalen Waldweg begegnen. Ich kann allerdings nicht ganz verstehen, warum. Beagles stellen kein nennenswertes Hindernis für Reiter dar – nicht einmal, wenn diese auf Shetlandponys reiten würden. Jedenfalls ist mir kein Fall eines Pferdes bekannt, das jemals über einen Beagle gestolpert wäre und daraufhin den Gnadenschuss erhalten musste. Dino hat mir zwar erzählt, dass er schon die eine oder andere Reitverletzung erlebt hat, Pferde wären da allerdings keine involviert gewesen.

Ich schnüffle im nasskalten Laub herum und sauge die Gerüche des beginnenden Winters auf, als mir plötzlich ein vertrauter Duft in die Nase steigt. Unweit von mir erspähe ich einen abgeknickten Zweig und bemerke eine schmale Schneise im dichten Gestrüpp. Eine Spur, der ich unbedingt nachgehen sollte.

Ich presse meine Schnauze auf den Boden, entferne mich von dem Waldweg und bewege mich vorsichtig tiefer in das Unterholz. Zwischendurch lausche ich immer wieder, ob ich verdächtige Geräusche höre, doch bis auf das rhythmische Geklapper weit entfernter Hufe ist alles still.

Langsam kämpfe ich mich weiter. Das Gestrüpp wird immer dichter und undurchdringlicher, doch der Duft wird eindeutig stärker. Ich mache mich klein und pirsche mich kriechend an die Quelle an. Sie muss in unmittelbarer Nähe sein. Kleine Zweige knacken unter meinem Körpergewicht.

Nach ein paar Metern erreiche ich eine Art Lichtung. Die Spur ist heiß, ganz heiß. Als ich die Schnauze vom Boden hebe, um mich umzusehen, blicke ich plötzlich tief in ein Paar durchdringend gelbe Augen.

Mehrere Sekunden verstreichen, doch die schwarze Gestalt rührt sich keinen Millimeter. Auch ich bin zunächst wie erstarrt über das unerwartete Zusammentreffen mitten im Wald. Dann, wie aus dem Nichts, höre ich, wie eine zarte weibliche Stimme sagt:

»Es ist Zeit!«

Kapitel 20

Auf einen Sprung zu Seiner Heiligkeit

»Du ... du kannst ... sprechen?!«

Ich meine, es ist eine Katze – das muss man sich einmal vorstellen! Katzen können doch nicht sprechen. Hunde können sprechen. Und Hamster können gelegentlich schwul sein.

»Natürlich. Katzen verfügen über ein weitaus höher entwickeltes Kommunikationssystem als ihr. Es ist viel zu kompliziert, um von normalen Hunden verstanden zu werden. Wir sind nämlich in der Lage, zehnmal so viele Laute zu erzeugen wie ihr. Die Einzigen, die über eine ähnlich komplizierte Sprache verfügen, sind die Chinesen. Aber das ...« Ihr Blick verfinstert sich. »Das sind unsere Feinde.«

Ich muss an Dons Erzählungen über meine Rettung aus dem Wald denken und senke verlegen den Kopf.

»Hast du ... dafür gesorgt, dass der Spaziergänger mich neulich Nacht gefunden hat?«, frage ich mein Gegenüber.

»Ja.«

»Warum hast du das getan?«

»Das will ich dir erklären, aber hier ist nicht der richtige Ort«, gibt sich die Katze geheimnisvoll. »Wir treffen uns heute im Schutze der Dunkelheit auf der Anhöhe in deinem Garten, bei den beiden Statuen. Ich habe dir etwas Wichtiges zu sagen, bevor ich für lange Zeit fortgehe.«

»In Ordnung. Ich werde auf jeden Fall da sein.«

Ich will mich gerade auf den Weg zurück machen, als ich mich noch einmal umdrehe und sage:

»Hey ... danke für alles.«

»Danksagungen sind nicht nötig. Wir Katzen brauchen keine Dankbarkeit.«

»Ich bin übrigens Lionel.«

»Ich weiß.«

»Und wie heißt du?«

»Ich habe keinen Namen.«

»Du hast keinen Namen?«

»Keine Katze hat einen Namen. Zumindest hören wir nicht darauf. Mehr musst du vorerst nicht wissen. Aber wenn du unbedingt einen Namen brauchst, kannst du mich Katz nennen. Adieu.«

Dann schleicht sich Katz mit leisen, eleganten Schritten davon. Für einen kurzen Moment fixiere ich die Stelle, an der ihre anmutige schwarze Gestalt im Gestrüpp verschwunden ist, bevor ich mich selbst auf den Weg zurück zu Dino mache.

Der Rest des Spaziergangs verläuft vergleichsweise ereignislos. Erwähnenswert erscheint mir höchstens, dass wir einem Rentner begegnen, der mit sich selbst redet, weil sein Hund vor zwei Jahren gestorben ist. Das hat ihn allerdings nicht davon abgehalten, jeden Tag mit einer Leine und einem Beutelchen für die hündischen Ausscheidungen bewaffnet Gassi zu gehen. Dino zeigt sich amüsiert und meint, dass Hunde posthum ja nur noch wenige Haufen hinterlassen und Menschen im Rentenalter manchmal ganz schön plemplem werden. Wie gut, dass Dino erst 69 ist.

Zwischendurch denke ich immer wieder an Katz, meine ungewöhnliche Verbündete, und frage mich, was sie mir wohl mitteilen will. Ich kann es kaum erwarten, bis es Nacht wird. Nichts wird mich davon abhalten, nach Einbruch der Dunkelheit am vereinbarten Treffpunkt zu erscheinen. Gar nichts.

»Ganz schön frisch schon wieder da draußen, oder?«

Voller Entsetzen beobachte ich, wie Nora die Terrassentür schließt und ihr Haus hermetisch gegen die Kälte abriegelt, als es an diesem Abend zu dämmern beginnt.

»Heute bleiben wir mal ganz gemütlich drinnen, Lio! Es ist viel zu kalt – und wir wollen ja nicht, dass du noch einmal ausbüxt und halb erfroren draußen liegen bleibst. Außerdem läuft heute Abend ein Film für uns beide im Fernsehen: ›Mein Partner mit der kalten Schnauze‹. Na, was sagst du, Lio?«

Ich sage: not amused! Wo sind Möglichkeiten Bäh und Zäh, wenn man sie mal braucht?

»Hook!«, wende ich mich verzweifelt an meinen Freund.

»Was denn?«, antwortet Hook grunzend vom Sofa aus.

»Ich muss dringend hier raus. Es ist wichtig!«

»Ich bin auch gerade mitten in einem wichtigen Projekt: schlafen. Außerdem – hast du denn immer noch nicht genug von deinen nächtlichen Ausflügen?«

»Ich kann jetzt nicht darüber reden. Ich weiß nur, dass ich dringend in den Garten muss.«

»Nervöse Blase oder was?«

»Erzähle ich dir ein andermal. Wie komme ich unbemerkt hier raus?«

»Hmm ... Es gibt da ein Fenster im Gymnastikraum, das meistens offen steht. Aber das schaffst du nie im Leben allein.«

»Versuchen wir es. Lass uns so tun, als würden wir spielen. Jag mich die Kellertreppe runter.«

Seufzend verlässt Hook sein gemütliches Lager auf dem Sofa und beginnt mit dem Ablenkungsmanöver, während Nora es sich mit einer Decke und einem Glas Wein vor dem Fernseher gemütlich macht.

»Das sieht echt verdammt hoch aus.«

Hook und ich stehen ehrfürchtig vor dem geöffneten Kellerfenster in Noras Trainingsraum, das sich in etwa zwei Metern Höhe befindet. Blöde Idee. Enttäuscht lasse ich den Kopf sinken. Absolut undenkbar, dass ein Beagle diesen Sprung schaffen kann, es sei denn ... Mein Blick fällt auf ein kleines rundes Trainingsgerät, das in der Ecke steht. Sofort hellt sich meine Miene auf.

»Hey, was ist das denn da drüben?«

»Das Ding? Das benützt Nora kaum noch. Ihre Brüste verpassen ihr nämlich ständig Kinnhaken, wenn sie darauf rumturnt.«

Ein Trampolin! Ich nehme hiermit Teile dessen zurück, was ich über Gott gesagt habe. Manchmal liebt er sogar einen Beagle namens Lionel.

»Los, hilf mir, Hook. Wir müssen dieses Ding unters Fenster schieben.«

»Machst du Witze?«

»Hast du einen besseren Vorschlag?«

»Mann, das muss aber echt wichtig sein, was du vorhast, Kleiner.«

Könnte Hook mit den Achseln zucken, würde er es jetzt wohl tun. Dennoch begibt er sich bereitwillig mit mir auf die verrückte Mission, einem Beagle auf die Sprünge zu helfen. Zwei Minuten später steht das Trampolin etwa einen Meter vor dem Fenster und Hook keuchend daneben.

»Okay, ich nehme Anlauf, springe auf die Trainingsbank und von dort oben auf das Trampolin. Dann müsste ich genügend Rückstoß bekommen, um den Sprung zu schaffen.«

»Kannst echt froh sein, dass du nicht gerade der Schlankste bist«, stellt Hook grinsend fest.

Das würde mich normalerweise kränken, doch ich habe gerade Wichtigeres zu tun. Ein Jagdhund ist bereit, einen Trampolinsprung durch ein offenes Kellerfenster zu wagen, um eine Katze zu treffen, die ihn offenbar beschützen will. Der Hundeprofi würde jetzt wohl endgültig verzweifeln.

Tief durchatmen, eins, zwei ... DREI!

Da ich im Unterschied zu Gina-Lala tatsächlich bis drei zählen kann, renne ich pünktlich bei »drei« los. Nachdem ich Tempo aufgenommen habe, beginne ich mit dem eleganten Sprung auf die Trainingsbank ... die sich als rutschiger als erwartet erweist. Ich strauchle und lande nicht mit meinen vier Pfoten auf dem Trampolin, sondern schlage nach einer unfreiwilligen halben Drehung mit dem Rücken zuerst auf. Doch tatsächlich schleudert mich das von Nora verschmähte Trainingsgerät – unter einem lauten Angstschrei und nach einem weiteren halben Salto – durch das offene Fenster in den Garten, wo ich sicher zu stehen komme. Kurz durchschnaufen.

Ich habe gerade einen Kunstflug mit einem vollen Überschlag durch ein offenes Kellerfenster vollzogen, und niemand außer Hook hat es gesehen. Ihr habt ja keine Ahnung, was für verborgene Talente in Hunden schlummern, wenn mal keiner zusieht.

Ich stecke meinen Kopf durch das Fenster, wo der einzige Zeuge des Geschehens seine Zunge inzwischen auf Krawattenlänge ausgerollt hat.

»Heiliges Kanonenrohr. Alle Achtung, Kleiner!«

»Ich bin in nicht allzu langer Zeit zurück. Warte einfach hier auf mich.«

Ich laufe durch das nasse Gras auf die Anhöhe zu. Dabei halte ich mich möglichst weit von Noras hell erleuchteter Wohnzimmerfront entfernt. Hinter einer der von Steinen gesäumten Garteninseln ducke ich mich und erkunde die Lage. Sehr gut, Nora liegt regungslos auf dem Sofa vor dem

Fernseher und ist offenbar eingeschlafen. Tja, nicht jedes Leben eines Partners mit kalter Schnauze ist eben so spannend wie meins. Ich laufe auf den mit Katz vereinbarten Treffpunkt zu und sehe mich suchend um. Doch in der Dunkelheit kann ich sie nirgends entdecken. Nachts sind alle Katzen grau, heißt es. Das gilt allerdings nicht für schwarze Katzen – die bleiben schwarz wie die Nacht und sind darum recht schwer von Letzterer zu unterscheiden.

»Schön, dass du gekommen bist, Lionel of Lydford«, tönt eine zarte, ruhige Stimme aus der Dunkelheit. Aus dem Gebüsch sehe ich ein gelbes Augenpaar schnurstracks und ohne einen Laut auf mich zusteuern.

»Du kennst meinen vollständigen Namen?«

Katz lässt sich auf ihren Hinterpfoten nieder.

»Wir beobachten dich schon seit einiger Zeit.«

»Wir?«

»Das Syndikat.«

»Welches Syndikat?«

»Das globale Katzennetzwerk zum Zwecke des Informationsaustausches. Wir haben Millionen Agenten in allen Teilen der Welt. Alleine hier in Deutschland leben mehr als acht Millionen Agenten in menschennaher Umgebung. Dazu kommt noch ein viele Hunderttausend frei lebende Katzen umfassendes Infanterieregiment.«

»Infanterieregiment?«

Katz verzieht angewidert das Gesicht.

»Die Menschen nennen diese Katzen Streuner. Was für eine Geringschätzung.«

»Willst du mir allen Ernstes erzählen, dass ihr ... organisiert lebt?«

»Selbstverständlich. Wir haben uns schon vor Jahrhunderten zusammengeschlossen und ein weitverzweigtes Syndikat gegründet. Heute arbeiten weltweit etwa 200 Millionen von uns im Innendienst. Schließlich sind wir das beliebteste Haustier der Welt. Über Freigänger, Infanterie und Marines – also Schiffskatzen – betreiben wir regen Informationsaustausch mit den Agenten im Innendienst. Mittlerweile haben die Menschen sogar schon begonnen, unser ausgeklügeltes Kommunikationssystem zu kopieren. Sie haben eigene soziale Netzwerke gebildet. Und weißt du, wie sie ihren Informationsaustausch nennen?«

Ich schüttle den Kopf.

»Sie nennen ihn ›Chat‹. Das französische Wort für Katze«, erläutert Katz triumphierend. »Dabei merken die Menschen gar nicht, wie weit wir ihnen voraus sind. Oder hast du etwa schon mal ein Menschenkind gesehen, das sofort nach der Geburt laufen kann und genau weiß, wo es hinpinkeln muss?«

»Ich habe bis dato nur eines gesehen, und das krabbelte meistens mit vollen Windeln durch ein Plastikparadies.«

»Tarnung ist alles für uns«, fährt Katz fort. »Die Menschen finden uns niedlich und tragen Schultaschen und T-Shirts mit einem rundlichen Katzengesicht darauf. Agenten aus Wales haben berichtet, dass jeder zehnte Katzenhalter uns sogar Weihnachtskarten schreibt. Sie geben uns auch so süße Namen wie Mimi, Moritz oder Tiffany, die unsere Agenten allerdings durchwegs ignorieren. Wir selbst verwenden lediglich eine Länderkennung und Zahlencodes zur Identifikation. Aber nach außen spielen wir unsere Rolle als flauschige Stubentiger. Und die Menschen scheinen darauf gut anzusprechen, obwohl wir im Unterschied zu euch nicht gerade ihre besten Freunde sind. Im Gegenteil – die Agenten im Innendienst kratzen sie, springen ihnen morgens hemmungslos ins Gesicht und pinkeln zwischendurch gerne mal auf ihre Bettwäsche.«

Ein flüchtiges Grinsen huscht über das Gesicht meiner Gesprächspartnerin.

»Ein bisschen Spaß muss die Arbeit ja auch machen.«

»Die Arbeit?«

»Wir spähen die Menschen systematisch aus. Es gibt vieles da draußen, das du noch nicht weißt, Lionel. Immer wieder hören wir von Katzenrechtsverstößen auf dieser Welt, und bei Hunden ist die Situation auch nicht unbedingt besser. Ich weiß, dass du im Tierheim gelandet bist. Agent D14856 hat darüber detailliert Bericht erstattet.«

Die Pupillen von Katz verengen sich. Ihr Blick ist nun so finster wie die Umgebung.

»Aber das Tierheim ist noch gar nichts im Vergleich zu der Hölle, aus der ich komme. Im Katzensyndikat bin ich heute die in freier Wildbahn operierende Infanterie-Agentin D42 und somit ein recht hohes Tier. In der Welt der Menschen war ich jedoch ein Nichts und trug den Namen Triple Trouble. Welch Ironie!«

»Hast du etwa einmal bei Menschen gewohnt, bevor du zur ... Infanterie gestoßen bist?«

»Sozusagen. Aber es war ein dunkler, kalter Ort. Ich erinnere mich an Tage und Nächte voll quälender Schmerzen.«

»Du meine Güte, wo war denn das?«

»In Gießen.«

D42 verstummt für einige Sekunden, dann fügt sie mit zitternder Stimme hinzu:

»Ich komme aus einem Versuchslabor.«

Ich weiß nicht, was ich sagen soll. Stattdessen rutsche ich verlegen von einem Bein auf das andere, aber meine Kehle ist wie zugeschnürt.

»Sie haben mich festgeschnallt, Metallnadeln in meinen Kopf gesteckt, mir Substanzen eingeflößt und Elektroschocks verabreicht, jeden Tag. Ich habe andere Agenten neben mir qualvoll sterben gesehen. Sie nennen es allgemein ›Tierversuche‹. Einige von uns mussten für sogenannte ›medizinische Studien‹ ihr Leben lassen, was bereits schlimm genug ist. Doch unsere Agenten haben uns darüber informiert, dass es an anderen Orten der Welt sogar um noch viel sinnlosere Dinge wie Kosmetik und Ähnliches geht. In Asien leben wir besonders gefährlich, denn dort werden jedes Jahr vier Millionen unserer Agenten einfach von den Menschen verspeist. All das geschieht wirklich, das kannst du mir glauben.«

Ich denke an Noras riesigen Kosmetikfundus. Ob sie weiß, dass auch im Namen der menschlichen Schönheit an Tieren experimentiert wird? Außerdem hat sie mir erzählt, dass sie versucht, Vegetarierin zu werden, was aber noch nicht so recht klappen will. Ich bin mir jedoch sicher, dass sie keine Katzen isst.

»Nur durch eine glückliche Fügung des Schicksals konnte ich aus der Folterkammer entkommen«, fährt D42 mit ihrer nächtlichen Schauergeschichte fort. »Irgendein Kurzschluss an den Elektroden löste eines Tages einen Feueralarm aus. Die Forscher räumten augenblicklich das Labor und ließen uns einfach zurück. Einer von ihnen vergaß in der Hektik jedoch, eines der Fenster zu schließen. Das war mein Tor zur Freiheit. Ich bin ohne zu zögern aus dem zweiten Stock gesprungen und überlebte den Sprung. Die Laborratten hatten weniger Glück. Doch Triple Trouble hat das Gebäude verlassen. Danach bin ich jeden Tag kilometerweit gelaufen, so weit weg von dem Horrorlabor wie nur möglich. Jetzt lebe ich hier im Schutze der Wälder. Und ich habe den Auftrag erhalten, dich zu finden und zu beschatten. Der entscheidende Tipp dazu kam von Agentin D678 aus Düsseldorf.«

Eine Zeit lang sitzen wir einfach nur da und sagen nichts. Die schauerlichen Dinge, die D42 miterleben musste, möchte ich mir kaum ausmalen.

»Wir leben in einem Zustand ständiger Bedrohungen, Lionel. Ihr Hunde geltet als treuherzig und – entschuldige das harte Wort – manchmal etwas dümmlich. Ihr wedelt mit dem Schwanz, wenn euer Halter zurückkommt und apportiert brav Stöckchen, ganz egal, wie oft es wieder weggeworfen wird. Keine Katze der Welt würde so etwas tun. Aber ihr ahnt ja auch nicht, was jeden Tag in der Welt da draußen passiert. Wir hingegen wissen es. Es gibt eigentlich nur eine Sache, um die wir euch beneiden: Ein russischer Hund namens Laika war das erste Lebewesen im All. Das war ein schwerer Rückschlag für die Expansionspläne des Syndikats. Mittlerweile haben wir das Weltraumprogramm allerdings aufgegeben.«

»Zu meiner Verteidigung: Die Sache mit dem Stöckchen finde ich auch ziemlich albern«, werfe ich ein.

»Ich weiß. Aber es gibt noch einen Grund, warum du jetzt hier bist …«

D42 erhebt sich und macht einen kleinen Schritt auf mich zu, sie sieht mich ernst an, als werde sie mir nun etwas streng Geheimes anvertrauen.

»Als ich im Labor an den Elektroden hing, hatte ich eine Vision. Mir erschien Saint Guinefort.«

»Wer zum Teufel ist denn das schon wieder?«

»Mit dem Teufel hat das nichts zu tun. Im Gegenteil. Guinefort war ein Windhund, der im Frankreich des dreizehnten Jahrhunderts als Heiliger verehrt wurde. Er war der Hund eines Edelmanns und hatte die Aufgabe, in dessen Abwesenheit auf den kleinen Sohn der Familie aufzupassen. Als der Edelmann jedoch zurückkehrte, fand er die Wiege leer und Guinefort mit blutverschmierter Schnauze vor. Er nahm an, dass der Hund seinen geliebten Sohn totgebissen hatte, und erdolchte das Tier. Nach der Tat hörte der Edelmann sein Kind jedoch weinen – er fand das Baby im Nebenraum und eine tote Schlange unter dessen Wiege. Guinefort hatte also das Reptil getötet und dadurch das Baby gerettet. Er verlor sein Leben durch ein dummes Missverständnis. Der Edelmann war untröstlich über sein Handeln und begrub den Hund in einem Brunnen. Danach sollen an diesem Brunnen immer wieder

Wunder geschehen sein. Diese Wunder wurden Guinefort zugesprochen, und so verehrte man ihn fortan als Heiligen.«

Nach einer kurzen Pause fährt D42 fort:

»Guinefort war ein Hund, an den die Menschen geglaubt haben. Doch leider musste er dafür erst zum Märtyrer werden.«

»Aber ... was hat das alles mit mir zu tun?«

»Innerhalb des Syndikats gibt es eine Abteilung für Okkultismus, die selbstverständlich von schwarzen Katzen gebildet wird. Während ihr noch brav Stöckchen geholt habt, haben wir uns längst mit dem Bereich des Übersinnlichen beschäftigt. Gut, mittlerweile zeigen auch ein paar schwarze Hunde ganz rudimentäre Ansätze, dunkle Mächte zu verstehen. Dein neuer Freund Blacky zum Beispiel. Doch es waren Agenten des Katzensyndikats, die schon vor Jahrhunderten menschliche Stätten des Okkultismus infiltriert und sich erfolgreich bei Wahrsagern, Hexen und Alchimisten eingeschleust haben.«

D42 senkt den Kopf und scharrt mit ihren Pfoten gedankenverloren im nassen Gras.

»Saint Guinefort hatte keine Nachkommen. Nach seinem Tod und seiner Verherrlichung – die der Kirche seinerzeit ebenso ein Dorn im Auge war wie okkulte Kräfte im Allgemeinen – wurde es lange still um Tiere mit besonderen Gaben«, fährt mein Gegenüber fort. »Aber eine Prophezeiung besagt, dass irgendwann ein Hund mit außergewöhnlichen Fähigkeiten geboren werden würde, der den Weg von Guinefort vollenden solle. Und dass der Geist von Guinefort ein Zeichen geben werde, wenn es so weit sei und dieser Vermittler zwischen der Welt der Tiere und der Menschen das Licht der Welt erblicke.«

D42 hebt ihren Kopf und blickt mich mit ihren durchdringenden Augen an.

»Wir glauben, dass du dieser Hund bist, Lionel.«

Meine Kinnlade klappt nach unten. Die aktuelle Länge meiner Zunge, die mir gerade unkontrolliert aus dem Maul gerollt ist, vermag ich nur vage einzuschätzen. Ich kann einfach nicht fassen, was ich gerade gehört habe, und weiche instinktiv einen Schritt zurück.

»Was, ich?!«

»Ja, genau. Oder verstehst du etwa nicht die Sprache der Menschen? Und meine?«

»Doch, schon ... Aber ... was ... was soll ich denn jetzt tun? Ich kann keine Wunder vollbringen. Und Nora hat weder ein Kind noch gibt es hier gefährliche Schlangen. Das einzige Kind, das ich kenne, könnte man höchstens vor dem Ertrinken in Plastikbällen retten.«

D42 erhebt sich, streckt ihre Gliedmaßen und formt ihren Rücken zu einem Buckel.

»Darum geht es auch nicht mehr. Wie bereits erwähnt, starb Guinefort durch ein dummes Missverständnis. Nun ist es an der Zeit, die bis heute herrschenden Missverständnisse zwischen Menschen und Tieren aus der Welt zu schaffen und dafür zu sorgen, dass die Menschen aufhören, über das Schicksal von Tieren zu bestimmen. Du musst die Menschen dazu bringen, dir zuzuhören. Erzähle ihnen von deinem Leben und davon, was du nun von mir weißt. Halte den Menschen einen Spiegel vor, denn sie halten sich selbst für abgeklärt und etwas Besseres, dabei stolpern sie auch nur recht planlos durchs Leben. Wir sind davon überzeugt, dass du die Menschen nicht nur verstehst, sondern auch Kontakt zu ihnen herstellen kannst. Wir vermögen das leider nicht. Und auch Guinefort war dazu nicht in der Lage. Er ahnte, dass er mit seinen Fähigkeiten seiner Zeit voraus war, selbst innerhalb gebildeter Adelskreise. Der einzige andere Hund, von dem eine – allerdings sehr rudimentäre – Kontaktaufnahme mit den Menschen überliefert ist, war vor vielen, vielen Jahren ein schwarzer Schakal namens Anubis. Doch in der Antike war die Welt erst recht noch nicht bereit für eine solche Gabe. Der aufrecht gehende Schakal hatte zudem versucht, mit einfachen Leuten zu sprechen, und einigen dieser alten Ägypter damit einen solchen Schrecken eingejagt, dass sie daran starben. Ein Hohepriester hatte das beobachtet und machte den armen Anubis daraufhin gegen seinen Willen zum Gott der Totenriten. Und auch in den Hieroglyphen stieg die Anzahl der weit aufgerissenen Augen wegen dieses Vorfalls drastisch an. Anubis hat danach jedoch nie wieder zu den Menschen gesprochen und sich wieder auf vier Beinen fortbewegt, um nicht weiter aufzufallen. Doch nun ist die Zeit reif, die Stimme erneut zu erheben. Allerdings gibt es bei deiner Mission einen kleinen Haken. Nachdem du auf der Welt bist, um das Werk von Guinefort zu vollenden und das fatale Missverständnis zwischen ihm und einem Menschen von adeligem Geschlecht ungeschehen zu machen, wirst auch du mit einer Person sprechen müssen, in deren Adern blaues Blut fließt und die einen sehr engen Bezug zu dir hat. Doch mach dir keine Sorgen – mittlerweile tragen Adelige keinen Dolch mehr bei sich.«

»Hmmm ... Gilt eine Ex-Pornoqueen auch als adelig?«

D42 schüttelt wortlos den Kopf.

»Na toll!«, beschwere ich mich. »Und wie stellst du dir das dann vor? Da sind ja gefährliche Schlangen in dieser Gegend noch leichter zu finden! Selbst im hiesigen Fürstenhof treiben sich heutzutage höchstens Piraten, Luder und Teilzeitmafiosi herum – und keine Adeligen.«

»Das, geschätzter Freund, bleibt dir selbst überlassen. Doch nun entschuldige mich. Du weißt bereits alles, was du wissen musst. Ich selbst darf mich jetzt verabschieden. Ich habe einen neuen Auftrag erhalten und muss fort. Mich erwartet ein langer Weg in ein gefährliches Gebiet. Ich schließe mich den Marines an und reise nach Asien.«

»Eins interessiert mich davor noch: Woher wusstest du eigentlich von dieser Prophezeiung?«

»Guinefort hat es mir erzählt.«

»Du meinst, sein Geist?«

Ein verstohlenes Lächeln huscht über das Gesicht von D42.

»Nein. Guinefort höchstpersönlich.«

»Er selbst? Aber ... aber ... dann war das doch ... vor mehr als 700 Jahren!«, stottere ich.

D42 kommt mir nun so nahe, dass ich ihren Atem auf meiner Schnauze spüren kann.

»Schon mal davon gehört, dass Katzen sieben Leben haben? Das hier ist jedoch mein letztes. Und ich bin unendlich dankbar, dass ich es nicht in einem Versuchslabor aushauchen musste. Du hingegen hast nur dieses eine. Also mach etwas draus. Du bist der Einzige deiner Art. Denn Nachkommen, so leid es mir tut, wirst du keine haben – ein Schicksal, das du mit dem guten Guinefort teilst.«

Noch immer kann ich nicht ganz begreifen, was ich soeben erfahren habe. Wer rechnet schon mit solchen Neuigkeiten? Bis jetzt hatten mir nur Gina-Lala und Petra gesagt, dass ich etwas Besonderes sei, aber auf deren Worte kann man ja nicht allzu viel geben. Und dann war da noch Nora, die Olivia von den Prophezeiungen einer Düsseldorfer Wahrsagerin erzählt hat, welche im Anschluss an ihren Orakelspruch von ihrer eigenen Katze (nun identifiziert als Agentin D678) zu Fall gebracht wurde. Auch nicht gerade eine vertrauenswürdige Quelle. Doch jetzt höre ich von Infanterie-Agentin D42 des internationalen Katzensyndikats, dass es diese geheimnisvolle Verbindung nach Frankreich tatsächlich gibt und ich vielleicht der neue Saint Guinefort bin. Und dass ich Kontakt zu einem adeligen Menschen mit besonderem Bezug zu mir herstellen soll. Ganz schön verrückte Neuigkeiten für einen dreijährigen Beagle.

D42 hat sich mittlerweile zum Gehen gewandt, bleibt jedoch kurz vor dem dichten Gestrüpp hinter den beiden Buddha-Statuen stehen und wendet sich noch einmal an mich.

»Vielleicht sollte ich dir noch zwei Dinge sagen, um dich, sagen wir mal, noch stärker zu motivieren. Erstens:

Weiße Boxer wie deinen Freund Hook haben Züchter früher ausnahmslos eingeschläfert – nur weil sie nicht der Norm entsprachen, welche die Menschen für diese Rasse völlig willkürlich festgesetzt haben. Manche tun es sogar heute noch.«

Ich schüttle mich angewidert. Ich hoffe nur, Hook weiß nichts davon.

»Und zweitens ...«, fährt D42 fort.

Ich werfe ihr einen fragenden Blick zu. Was kann denn jetzt noch kommen?

»Die beliebtesten Laborhunde sind immer noch Beagles.«

Kapitel 21

Eine unmögliche Mission

Als ich in dieser kalten Nacht an das offene Kellerfenster zurückkehre, ist nichts mehr, wie es war. Und damit meine ich nicht nur, dass Hook ausgerechnet auf der Trainingsbank – meinem designierten Landeplatz – eingeschlafen ist und seelenruhig vor sich hin schnarcht. Um ihn nicht zu verletzen, muss ich also wohl oder übel an Noras Tür klopfen und meinen erneuten nächtlichen Ausflug somit offenlegen. Doch das spielt nun keine Rolle mehr. Wichtig ist nur, dass ich Katz – mir nun besser bekannt als Agentin D42 – getroffen habe, bevor sie sich nun den Marines anschließen wird. Lionel hat als junger, manchmal rebellischer Beagle dieses Haus verlassen und kommt als gereifter Hund mit einer schier unmöglichen Mission im Gepäck zurück. Und ich muss nun damit leben, dass die Erwartungen von Millionen Katzen, eine Brücke zwischen Tieren und Menschen zu schlagen, auf meinen Schultern lasten.

Ich trotte erschöpft zu der hell erleuchteten Wohnzimmerfront und betrachte die schlafende Nora auf der Couch. »Eine Person, in deren Adern blaues Blut fließt« gilt es zu finden, hat D42 gesagt. Aber hier? Nora kann das höchstens sein, wenn sie eine Blutvergiftung hat. Denn in diesem Haus, obwohl einem Palast nicht unähnlich, verkehren leider keine Aristokraten, wenngleich es laut Hook schon jede Menge Verkehr hier gab. Noch dazu sollte es eine adelige Person mit einem besonderen Bezug zu mir sein. Aber wo finde ich in Wesel schon einen adeligen Vertrauten? Und wer garantiert mir dann, dass diese geheimnisvolle Katze mit ihren Visionen tatsächlich die Wahrheit gesagt hat? Niemand weiß, welche Substanzen ihr von den Forschern in diesem Labor eingeflößt wurden. Vielleicht halluziniert sie ja nur. Dennoch beschließe ich, mich der Herausforderung zu stellen. Denn es geht ja nicht nur um die Ehre des Katzensyndikats. Saint Guineforts Opfer wäre nicht umsonst gewesen, wenn ich sein Werk vollenden würde. Und Blacky hatte sich offenbar schützend vor mich gestellt, weil er an mich glaubte. Und vom armen Anubis, der wieder auf vier Beinen gehen musste, wollen wir gar nicht erst reden. All diese Hunde darf ich nicht enttäuschen.

Ich beschloss, dass meine uneingeweihten Weggefährten wie Hook, Oskar und Emma allerdings erst von meiner wahren Bestimmung erfahren sollten, wenn ich meine Mission erfüllt haben würde. Vielleicht könnte ich Nora dann auch überreden, Blacky zu befreien. – Ich muss mich meiner Aufgabe stellen. Ich muss noch mehr Informationen sammeln, meine Augen noch stärker offen halten und die Zeichen richtig deuten. Doch zunächst muss ich an der Glastür kratzen, um Nora aufzuwecken …

In den folgenden Monaten habe ich mich oft vor dem Fernseher gelegt, wenn Nora oder Dino ihn eingeschaltet haben, in der Hoffnung, dort Antworten auf meine Fragen zu finden. Leider hat Nora meist Sendungen angesehen, die mir keine verwertbaren Tipps geliefert haben. Ich habe höchstens erfahren, dass es ein arroganter Kerl mit Halbglatze im Büro auch nicht immer leicht hat und wie viele Punkte Prominente einander für ihr Dinner geben. Außerdem bekam ich mehrmals die Chance, eine Million Euro zu gewinnen – doch leider warf diese Sendung regelmäßig noch mehr Fragen auf, deren Antwort ich nicht wusste, als ich ohnehin schon hatte. Ich musste auch eine weitere Staffel eines Formats über mich ergehen lassen, in dem Menschen, die schon in ihrem normalen Leben verloren sind, mitten im Dschungel ausgesetzt werden. Unnötig zu erwähnen, dass wir von jedwedem Anflug von Adel so weit entfernt waren wie Australien von Deutschland. Einmal haben wir allerdings etwas sehr Lustiges gesehen. Es handelte sich um einen Zeichentrick-Sketch eines gewissen Herrn Loriot, in dem ein Professor einem Interviewer seinen angeblich der menschlichen Sprache mächtigen Hund namens Bello (Mario hätte seine Freude an diesem Namen) präsentieren will. Zur Demonstration spricht der Professor dem Hund Sätze vor, die jedoch allesamt verdächtig oft den Buchstaben O enthalten. Der Hund selbst gibt stets nur eine Aneinanderreihung von »Ooooh«-Lauten von sich und erweist sich letzten Endes als Blindgänger. Ich musste zwar herzlich lachen, hoffte aber insgeheim, dass ich selbst mich zu gegebener Zeit etwas besser schlagen würde. Zur Sicherheit überlegte ich mir dennoch einige Sätze, die sehr oft den Buchstaben »O« enthalten. Man weiß nie, wozu es gut ist.

Abgesehen von passivem Fernsehkonsum begleitete ich Nora auch zur Aufzeichnung von zwei Fernsehsendungen. In der einen Sendung ging es zwar um Hunde, aber wie das Thema umgesetzt wurde, war dann doch mehr als befremdlich. Der Moderator, der sich – als Einziger – für sehr witzig und eloquent hielt, präsentierte Nora und mir im Verlauf der Sendung einige Sexspielzeuge für Hunde. Dass Menschen überhaupt unser Sexspielzeug designen, finde ich ziemlich anmaßend. Stellt euch das mal umgekehrt vor! Kein Hund der Welt käme auf die Idee, für euch Vibratoren zu ersinnen! Und wenn, dann hätten sie vermutlich Ähnlichkeit mit Knochen. Die vermeintlichen Lustspender für meine Artgenossen erweckten bei mir jedenfalls den Eindruck, als hätte sie ein Blinder nach dem exzessiven Konsum von Tequila entwickelt. Und es war mit ziemlicher Sicherheit kein Hund in den Herstellungsprozess involviert. Falls ich jemals den Menschen finde, der mich versteht, werde ich ihn bitten, mit den Produzenten von Sexspielzeug für Hunde ein ernstes Wort zu reden – natürlich erst, nachdem wir die Sache mit den Tierversuchen und den Tierheimen besprochen haben.

Das andere Mal waren wir für einen Dreh in der schönen Stadt Wien, in der sich früher tatsächlich viele Adelige herumgetrieben haben, wovon die vielen Prunkbauten zeugen. Heutzutage treiben sich in Wien jedoch vornehmlich Baumeister herum – aber nicht einmal solche, die Prunkbauten errichten, sondern meist solche, die Schöpfer von wenig prunkvollen Einkaufszentren sind. Auch bei den Fernsehaufnahmen in der österreichischen Hauptstadt ging es übrigens im weitesten Sinne um Hunde und Sexspielzeug – nur mit dem Unterschied, dass es diesmal ein Mensch war, der sich mitten in der Akademie der bildenden Künste nackt vor Nora ausziehen und einen Hund imitieren sollte. Man sagte ihr, es handle sich dabei um irgendeinen Dreh mit versteckter Kamera. Letzten Endes war die Kamera scheinbar so gut versteckt, dass das Material nie ausgestrahlt wurde. Die Sachertorte, die ich beim Catering stibitzt habe, schmeckte allerdings ausgezeichnet.

Schwarzwälder Kirschtorte hingegen habe ich nie bekommen. Ich war mit Dino zwar noch einige Male im Fürstenhof und dort sind wir gelegentlich auch Gina-Lala begegnet. Doch die blonde Hündin hat mir lediglich erzählt, dass der Pirat mit der Halbglatze nun doch wieder mit seiner Frau zusammenlebt und die korpulente Dame deshalb beschlossen hat, etwas Gewicht zu verlieren. Sie nimmt seither keine Torten mehr zu sich, sondern nur noch Korn – aus der Flasche. Trotzdem gab es in der Sache ein Happy End, denn Gina-Lala hat tatsächlich angefangen, Hirse zu mögen.

So vergeht ein ganzes Jahr ohne ein nennenswertes Zeichen, das mich meinem Ziel näher bringen würde.

Bis zu jenem kalten Novembermorgen.

Hook hat sein Frühstücksgetränk wie üblich aus den Sanitäranlagen bezogen, Nora trägt ihre Leopardenleggings, und wir sind auf der verschneiten Weseler Straße gelandet, bereit für unseren ersten Spaziergang des Tages.

Das Klingeln von Noras Handy reißt mich urplötzlich aus meinen Erinnerungen an Eis, Kälte, Tanja und Norman.

»Hallo?«, meldet sich Nora. »Ach, du bist es, Mama. Ja, mir geht es gut, und dir? Wie ... ist das dein Ernst? Aber ... ihr kennt euch doch erst seit zwei Monaten! Wieso willst du denn gleich heiraten? Was? Noch dieses Jahr? Bist du panne? Und ... wo? Welches Schloss? Nein, das kenne ich nicht. Aber lass uns doch bitte später noch mal darüber reden. Ich bin gerade auf der Straße mit meinen Hunden, und mein Handy friert an meinem Ohr fest. Ja, natürlich bin ich warm angezogen. War ich das denn jemals nicht, Mama? Also – bis später.«

Nora legt auf und sagt eine Zeit lang gar nichts. Dann schüttelt sie verständnislos den Kopf.

»Ich kann's nicht glauben. Meine Mutter heiratet noch einmal. Irgend so einen Herrn Baron von und zu irgendwas. Hat wohl ziemlich an ihr genagt, dass mein leiblicher Vater abgehauen ist, bevor sie erfahren hat, ob er nun wirklich adelig war oder nicht. Jetzt holt sie sich ihren Adelstitel einfach selbst.«

Dann fügt sie verächtlich hinzu:

»Pfff. Adelstitel. Lächerlich. Als ob so was heutzutage noch irgendjemand brauchen könnte.«

Die Kälte spüre ich plötzlich nicht mehr. Stattdessen zittere ich am ganzen Körper vor Erregung. Wie sollte Nora auch wissen, dass dieser Jemand genau vor ihr steht?

Die Hochzeit war für den Sonntag vor Weihnachten angesetzt. Man kann wirklich nicht behaupten, dass Noras Mutter Helena viel Zeit verschwendet hätte auf ihrem Weg in den Adelsstand. Ins neue Jahr wollte sie offenbar bereits als Neo-Baronin schreiten. Soll mir nur recht sein. Ich darf stark annehmen, dass somit auch Nora in den Adelsstand erhoben wird, die definitiv einen besonderen Bezug zu mir hat. Und das bedeutet, dass ich nach vier langen Jahren des Kampfes gegen Windmühlen, der mich bereits viele Nerven und zwei Hoden gekostet hat, endlich eine adlige Person finden werde, die mich wirklich versteht. Und falls es wider Erwarten doch nicht sofort mit Nora klappt, werde ich einfach versuchen, irgendeinen anderen der sicher zahllosen anwesenden Adeligen anzusprechen. Vielleicht ist das mit dem »starken Bezug zu mir« ja ein dehnbarer Begriff. Doch eins steht ohnehin fest: Agent Lionel wird dich nicht enttäuschen, Agentin D42.

Die Reise sollte uns nach Niedersachsen führen, in die pulsierende Metropole Sögel. In Niedersachsen muss es recht viele Schlösser geben, denn Nora meinte auf der Fahrt dorthin, über den Daumen gepeilt kämen auf zwei Bewohner Niedersachsens drei Schlösser.

Hook und ich sind nämlich auch eingeladen, zwar nicht zur Hochzeitsfeier, dafür ins Auto. Und wir dürfen mit in das Hotel, wo die Hochzeitsgesellschaft residieren wird. Dort sind Hunde erlaubt. Ich freue mich schon auf mein feudales Hotelzimmer. Bis dahin mache ich ein kurzes Nickerchen auf dem Rücksitz, schließlich habe ich heute noch viel vor.

»Was glauben die eigentlich?«, kreischt Nora wutschnaubend, als sie aus dem Hotel herausgestürmt kommt und das energische Aufreißen der Autotüre einen weißen Boxer und einen Tan White Beagle aus ihrem Schönheitsschlaf reißt. »Das hättet ihr mal sehen sollen, Jungs. Nee, nee, nee! In dieses Hotel hier kriegen mich keine zehn Pferde. Wenn Mama schon auf einem Schloss heiraten muss, dann will ich nicht in so einer billigen Absteige wohnen. Hier will ich nicht mal auf meiner eigenen Beerdigung wohnen. Wo kommen wir denn dahin?«

Nun, hingekommen sind wir letzten Endes doch noch in ein prächtiges Hotel, das Nora und ihr Navigationssystem selbst ausgesucht haben. Es liegt in sicherer Entfernung zu Sögel, und von der Hochzeitsgesellschaft habe ich hier auch noch niemanden gesehen, denn die residieren natürlich alle standesgemäß in der »billigen Absteige«, wie es sich für den Adel heutzutage offenbar geziemt. Aber das sollte kein Problem darstellen, denn meine erste Ansprechpartnerin heute Abend würde ja ohnehin Nora sein.

Als sich die Brauttochter an diesem Nachmittag hübsch für die Hochzeit macht – das Motto lautet »Siebzigerjahre«, was Nora mit ihrem schlichten schwarzen Kleid allerdings recht frei interpretiert –, beschließe ich, Hook nun doch von dem bevorstehenden Wunder zu erzählen.

»Hook, mein Freund, heute wirst du die größte Überraschung deines Lebens erleben«, wende ich mich an den weißen Boxer, der neben mir auf der Couch liegt und sich mit mir eine Fernsehsendung ansieht, deren Sinn er ohnehin nicht begreifen kann. Aber ich glaube, das geht vielen so, die Nachmittagsfernsehen ansehen.

»Echt?«, erwidert Hook. »Hm ... Kann mir nicht vorstellen, was meine Überraschung, dass Kauknochen keine echten Knochen sind, noch übertreffen sollte ...« Mit einem Augenzwinkern fügt er hinzu: »Und dass Beagles Trampolinspringen können.«

»Genau um diese Nacht geht es, Hook. Da habe ich erfahren, dass ich ein Hund mit ganz außergewöhnlichen Fähigkeiten bin, ein Mediator zwischen den Welten der Tiere und der Menschen.«

»Hä? Von wem denn?«

»Du wirst es nicht glauben: von der schwarzen Katze, die wir damals gejagt haben und die von einem Tag auf den anderen auf Nimmerwiedersehen verschwunden ist. Sie ist jetzt nämlich auf dem Weg nach Asien.«

Hook bricht in schallendes Gelächter aus. Nicht ganz die Reaktion, die ich mir erhofft habe.

»Mann, Mann, Mann! Hätte nicht gedacht, dass du auch so durchgeknallt bist.«

»Wieso? Was meinst du mit ›auch‹?«, frage ich etwas verunsichert.

»Na, der Letzte, der mir so einen Schwachsinn erzählt hat, war unser Oski.«

Jetzt bin ich allerdings ziemlich irritiert.

»Oskar? Aus ... aus dem Nagelstudio?«, stottere ich.

»Klaro, genau der. Ihr Beagles habt wohl alle so 'ne Art Minderwertigkeitskomplex. Vielleicht weil ihr eigentlich recht klein gebaut seid. Aber ihr wärt trotzdem gerne Superhunde.«

Das gefällt mir nun gar nicht. Oskar, dem Acrylschnüffler, soll dasselbe widerfahren sein wie mir, dem legitimen Nachfolger des legendären Saint Guinefort?

»Hab ich dir das gar nicht erzählt? Jedenfalls hat Oski gesagt, dass ihm mal so 'ne schwarze Katze erschienen ist und ihm verklickert hat, dass er irgendwelche übersinnlichen Kräfte habe. Sie hat ihm gesagt, dass er versuchen müsse, sie jeden Tag ein bisschen zu steigern, bis er eine Art Superhund sei und jede Menge Wunder vollbringen könne. Tja, und seit damals steigert Oskar alles, was geht. Was für 'n irrer Superhund er ist, hast du ja selbst gesehen. Und seine Wunder als Jagdhund kennst du ja auch.«

Ich starre Hook entsetzt an und kann es einfach nicht fassen.

»Emma und ich haben ja immer gedacht, die verdammten Dämpfe dort seien schuld und er hätte sich die Geschichte einfach nur eingebildet«, fährt Hook fort, »denn an dem Tag hat Oski ein riesengroßes Glas mit Nagellack umgehauen und diese eklige Pampe stundenlang inhaliert. Hat ihn wohl endgültig gaga gemacht. Aber jetzt, wo du mit ’ner ähnlich bekloppten Geschichte hier ankommst, denke ich mal, an seiner ist auch was Wahres dran.«

Ich bin wie vom Donner gerührt. Konnte es tatsächlich sein, dass die schwarze Katze auch den acrylvernebelten Oskar kontaktiert hatte? Erlaubte sich dieses hinterlistige Biest womöglich nur einen Spaß mit uns gutgläubigen Beagles? Und war ich wirklich so blöd, anzunehmen, es gebe ein internationales Katzensyndikat und ich, ein Beagle aus einer Zucht mitten in Deutschland, sei die Reinkarnation eines französischen Windhundes aus dem 13. Jahrhundert?

»Du meinst ... das ist alles erstunken und erlogen ...?«

»Is’ wohl so. Tut mir jetzt echt leid, dir das zu sagen, Kleiner. Hättest mal lieber früher mit mir drüber reden sollen. Dachte, ich hätte dir die Sache mit Oski erzählt. Aber ich fürchte, die Katze hat dich einfach nur verarscht. Trau niemals einer schwarzen Katze. Vor allem nicht einer, die dir vorher Kieselsteine in die Schnauze kickt! Nicht unbedingt ’ne Vertrauensperson, wenn du mal drüber nachdenkst, oder?«

Voller Scham beiße ich mir auf meine Lefzen. Ich bin so ein Idiot! Ein Jahr lang hatte ich mich an der wunderbaren Vorstellung ergötzt, ich wäre ein einzigartiger Hund. Und seit Wochen hatte ich den heutigen Tag herbeigesehnt, an dem ich endlich die Möglichkeit haben würde, den ultimativen Beweis für meine Einzigartigkeit zu erbringen. Doch hier, auf dem Sofa eines Hotels in Niedersachsen, sollen nun alle meine Träume zerplatzen. Ich bin um nichts besser als Oskar, der Acrylschnüffler.

Nein, das darf nicht sein!

Alles, was die schwarze Katze mir gesagt hat, ergibt Sinn. Und über solche Dinge macht man keine Witze, nicht einmal, wenn man eine Katze ist. Und Oskar ist ein stumpfsinniger Beagle, dessen Hirn von all den schädlichen Dämpfen schon völlig aufgeweicht ist. Er hat sich das alles sicher nur eingebildet. Doch mir hat die schwarze Katze einen echten Auftrag gegeben. Ich bin der Auserwählte des Katzensyndikats. Es muss einfach funktionieren! Heute Abend ist Noras Mutter Helena eine Baronin und ihre Tochter somit ebenfalls adelig. Dann versuche ich sofort, mit ihr zu reden. Und sie wird mich verstehen. Ganz sicher.

Sechs Stunden später höre ich, wie die Zimmertüre entriegelt wird. Hook schnarcht seelenruhig auf seiner Decke, die eine zu diesem Zeitpunkt noch unadelige Nora auf dem Sofa ausgebreitet hat. Ich liege daneben, habe jedoch vor lauter Aufregung kein Auge zugetan. Eine etwas angeheiterte blonde Neo-Baronin erscheint vor dem Bett.

»Da ist ja das hübscheste Paar des Abends. Und kraft des mir verliehenen Amtes erkläre ich euch zu Hund und Hund. Schön war's! An das Thema Siebzigerjahre hat sich zwar niemand gehalten. Aber der Standesbeamte soll das Brautpaar ja auch zu Mann und Frau erklären – und nicht zu Simon & Garfunkel. Ich bin ein bisschen früher gegangen, weil ich mir den Knöchel verstaucht habe, als ich dem Brautstrauß ausgewichen bin. Ich bin ja schon verheiratet, und mein Mann auch, wozu soll ich diesen dämlichen Strauß also noch fangen? Aber wisst ihr, was mir dabei aufgefallen ist? Ich bin ja schon durch meine eigene Heirat zum ›Baron‹ geworden. Aber von hinten eben. ›Nora B.‹ verkehrt rum gelesen ergibt nämlich ›Baron‹. Geil, oder? Wär ja auch nicht das erste Mal in meinem Leben, dass ich was von hinten mache«, bemerkt Nora lachend. »Und was sagst du so zu Doggystyle, mein kleiner Lio?«

Nora B. blickt mich fragend (und etwas schwankend) an. Das ist mein Stichwort. Ich hole tief Luft und artikuliere die wichtigsten Worte meines Lebens bewusst ganz deutlich. Es ist ein kleiner Schritt für mich, aber ein großer in Richtung Menschheit.

»Liebe Nora, gib mir bitte ein Zeichen, dass du mich verstehen kannst, und rede mit mir.«

Eine Zeit lang sieht Nora mir nur direkt in die Augen und schweigt, als würde sie angestrengt nachdenken. Meine Nerven sind gespannt wie Drahtseile. Das sieht doch schon mal gut aus! Hat sie mich tatsächlich verstanden?

»Ach, wozu rede ich denn mit dir?«, verkündet Nora jedoch und tätschelt mir sanft den Kopf. »Du Armer kannst ja gar nichts mehr zu Doggystyle sagen. Diese bösen, bösen Menschen haben dich doch kastriert. Und reden kannst du ja leider auch nicht. Beides ganz schön schade, echt.«

Enttäuscht lasse ich den Kopf sinken. Meine Träume zerplatzen tatsächlich in diesem Hotel in Niedersachsen. Aus. Schluss. Vorbei.

Ich blicke hinüber zu Hook, der friedlich schläft. Du hattest leider recht, alter Junge. Antwort »Bäh« ist korrekt: Die schwarze Katze hat gelogen.

EPILOG

Ich habe meine beiden Hunde noch nie so ungewöhnlich ruhig erlebt wie auf der Fahrt von Niedersachsen zurück nach Wesel. Hook ist ja schon etwas in die Jahre gekommen, aber Lio macht mir Sorgen. Beim Spaziergang heute Morgen war er völlig lustlos. Das wäre mir ja noch ganz recht gewesen, denn ich hatte sowieso einen anständigen Brummschädel von der Hochzeitsfeier meiner Mutter. Aber er hat auch fast gar nichts gefressen. Ich hoffe nur, Lio ist nicht krank. Er sieht jedenfalls ganz schön traurig aus. Ja, ich weiß, ich bin da genau so wie alle anderen Hundehalter, die in den Blick ihres Hundes sofort Gefühle wie Freude, Traurigkeit oder womöglich sogar Eifersucht hineininterpretieren. Aber in manchen Augenblicken habe ich wirklich das Gefühl, dass Lio mich ganz genau versteht. Vielleicht liegt das ja auch an dem, was diese Wahrsagerin damals zu mir gesagt hat. Dass ich einmal einen ganz besonderen Hund treffen würde. Aber heute, an diesem Montag, nach der dritten Hochzeit meiner Mutter, stimmt definitiv irgendetwas nicht mit Lio. Wenn wir in Wesel sind, dann vereinbare ich sofort einen Termin mit der Tierärztin. Aber zuerst machen wir mal eine Pause vom Diätfutter, und ich koche Lios Lieblingsessen. Im Krieg und in der Liebe sind alle Mittel erlaubt, heißt es schließlich. Und ich liebe diesen Hund. Ich möchte einfach, dass es ihm bei mir gut geht. Ich habe Lio damals von Tanja und Norman übernommen, um ihm ein glückliches Leben zu ermöglichen. Was nicht heißt, dass die beiden ihn nicht gut behandelt hätten, aber ich hatte dieses starke Gefühl, dass ich diesen Hund unbedingt mitnehmen muss. Ich habe sofort einen ganz besonderen Bezug zu ihm aufgebaut – nicht nur, weil ich Mitleid mit ihm empfunden habe wegen seiner Kastration. Ich habe das bei meinen Hunden nämlich immer kategorisch abgelehnt. Wie absurd wäre es außerdem, wenn ein Mensch, der früher mal mit Sex seinen Lebensunterhalt verdient hat, an den Genitalien seiner Haustiere herumschnippeln lässt? Tanja und Norman haben mir inzwischen übrigens gestanden, dass die Sache mit der Kastration im Nachhinein auch ganz schön an ihnen genagt hat. Trotzdem hatten sie ihren Lio immer wahnsinnig gern und haben sich nur schweren Herzens von ihm getrennt. Und sie wollten natürlich auch nie, dass er leiden muss.

Als ich das Auto vor unserem Anwesen in Wesel parke, erwartet mich Dino schon an der geöffneten Haustür.

»Willkommen zurück, Nora. Und, war's schön? Na, erzähl's mir nachher. Ich will unbedingt auf dem letzten Stand sein, auch wenn es womöglich noch nicht die letzte

Hochzeit von der Schwiegermama war«, meint er grinsend.

Irgendwie ist es schon komisch, wenn Dino von »der Schwiegermama« redet. Er ist nämlich sieben Jahre älter als sie.

»Wie ist das jetzt eigentlich? Sind wir jetzt der Hochadel von Wesel oder was?«, will Dino noch grinsend wissen.

»Ach, keine Ahnung. Ich bin davon nicht so besessen wie Mama. Der war das immer sehr wichtig. Die Geschichte mit meinem leiblichen Vater hat sich ja auch nie ganz aufgeklärt. Wer weiß außerdem, was die Presse wieder schreibt, wenn eine Ex-Pornoqueen plötzlich in irgendeiner Erbfolge auftaucht.«

»Apropos schreiben: Da ist ein Brief für dich gekommen. Von einer Presseagentur in Prag. Schaut irgendwie wichtig aus. Ist im Büro bei unserer Sekretärin angekommen. Ich hab ihn dir oben hingelegt.«

»Sehe ich mir gleich an. Und dann muss ich die Tierärztin anrufen. Unserem Lio hier geht's scheinbar nicht gut.«

»Wirklich?«, wundert sich Dino. »Dabei war der doch in den letzten Wochen so putzmunter wie nie zuvor. Richtig euphorisch war er.«

Ich öffne die Hecktüren des Autos. Doch erst nach ein paar Sekunden bequemt sich Lio dazu, seinen Platz zu verlassen, setzt sich träge in Bewegung und steuert auf die offene Haustür zu. Sogar der alte Hook überholt ihn auf dem kurzen Weg dorthin, obwohl unser weißer Boxer schon zwölf Jahre auf dem Buckel hat. Und während Hook meinen Mann mit freudigem Schwanzwedeln begrüßt, trottet Lio an Dino vorbei, ohne ihn auch nur eines Blickes zu würdigen.

»Holla, Lio, was ist denn mit dir los?«, wundert sich der Hausherr. »Sollen wir später vielleicht noch zum Mario gehen? Der organisiert dir wieder ein feines Fressi aus der Küche. Danach bist du wieder fit wie ein Turnschuh.«

»Hoffen wir's«, sage ich, als ich mein Gepäck aus dem Kofferraum hole. »Aber jetzt lasse ich mir erst mal ein anständiges Bad ein, und dann sehen wir weiter.«

Als ich im ersten Stock vor meinem Kosmetiktisch sitze und mich nachdenklich abschminke, entdecke ich dort den besagten Brief. Lio und Hook liegen beide auf meinem Bett und dösen. Und nachdem es ein paar Minuten dauern wird, bis die Wanne voll ist, kann ich mir das Schriftstück ruhig noch vorher zu Gemüte führen. Ich öffne den Brief mit einer Nagelfeile und beginne zu lesen:

Sehr geehrte Frau Baumberger!

Wie Sie vielleicht wissen, hat Ihre Mutter uns vor einiger Zeit gebeten, Ihre jüngere Familiengeschichte zu recherchieren, besonders im Hinblick auf die von ihr genannten Ländereien in Samrsk und Czischkow. Wir möchten uns vorab dafür entschuldigen, dass unsere Antwort etwas auf sich warten ließ, da viele Dokumente aus der Ära des Kommunismus nur noch fragmentarisch vorhanden sind oder sich als gänzlich unauffindbar erwiesen haben.

Leider müssen wir Ihnen mitteilen, dass keinerlei Anspruch auf jedwede Art von Ländereien besteht, da sich diese im rechtmäßigen Besitz der jeweiligen Gemeindeverwaltungen befinden und keine eindeutigen und rechtsgültigen Beweise für vorangegangene Enteignungen gefunden werden konnten. Deshalb können seitens Ihrer Familie keine Besitzansprüche geltend gemacht werden.

Wir dürfen Ihnen dennoch mitteilen, dass sich die Annahme als richtig erwiesen hat, dass die Familie Ihres leiblichen Herrn Vaters – so wie eigentlich fast jede im heutigen Tschechien – von einem alten böhmischen Adelsgeschlecht abstammt und somit auch in Ihren Adern blaues Blut fließt. Vielleicht ist es ein schwacher Trost für Sie, dass die zuständige Behörde Ihren alten Adelstitel nach Vorlage der entsprechenden Dokumente wieder anerkannt hat und Sie sich ab sofort »Nora Gräfin Zásadský von Gamsendorf« nennen dürfen. Wir weisen jedoch höflich darauf hin, dass dieser Titel mit keinerlei Privilegien verbunden ist und Sie weder dazu berechtigt sind, Ernteanteile tschechischer Bauern zu beschlagnahmen noch an irgendeinem Salatbuffet einen kostenlosen Nachschlag zu nehmen.

Mit freundlichen Grüßen
Ulfried Ritter von Vaclavik

Aha. Ich bin also keine angeheiratete Möchtegernbaronin, sondern sogar eine echte Gräfin. Ganz ehrlich: Ich würde lieber auf den Adelstitel verzichten und hätte dafür ein paar tschechische Ländereien zurück. Baugrund kann man bei der heutigen Wirtschaftslage schließlich ganz gut brauchen. Aber was soll ich denn mit so einem sinnlosen

Adelstitel? Die Sache mit dem Salatbuffet ist schließlich ein ziemlicher Rückschlag.

Mama und ihr Adelsfimmel. Ich, frischgebackene Nora Gräfin Zásadský von Gamsendorf, stecke den Brief wieder in den Umschlag und lege ihn auf meinen Schminktisch zurück. Alles schön und gut. Aber bevor ich als waschechte Gräfin auftrete, sollte ich mich echt erst mal waschen. Als ich mich auf den Weg zur Badewanne mache, sehe ich den kleinen Lio plötzlich direkt neben meinem Stuhl sitzen. Ich habe gar nicht bemerkt, dass er aufgewacht und dorthin gelaufen ist. Ach, stimmt ja, ich habe den Brief laut vorgelesen. So fällt das Denken einfach leichter, wenn im Hintergrund das Wasser plätschernd in die Wanne läuft. Der gute Lio wirkt jedenfalls wie ausgewechselt. Keine Spur mehr von Niedergeschlagenheit oder Depression – nein, er sitzt kerzengerade auf seinen Hinterbeinen und blickt mich mit geradezu funkelnden Augen an. Schön, dass es ihm offenbar wieder besser geht. Aber ich glaube, ich muss mal meine eigene Ärztin anrufen, denn ich bin mir nicht ganz sicher, ob ich noch alle Tassen im Schrank habe.

Lio hat gerade »Es ist Zeit« gesagt.